KB272270

팀 다이얼로그

팀 다이얼로그

초판 1쇄 인쇄 2026년 4월 01일
1쇄 발행 2026년 4월 10일

지은이 신원학, 이영선

펴낸이 우세웅
책임편집 김은지
북디자인 박정호
홍보제작 김세경

펴낸곳 슬로디미디어
출판등록 2017년 6월 13일 제25100-2017-000035호
주소 경기 고양시 덕양구 청초로 66, 덕은리버워크 A동 15층 18호
전화 02)493-7780　**팩스** 0303)3442-7780
홈페이지 slodymedia.modoo.at　**이메일** wsw2525@gmail.com(사업 제휴)

ISBN 979-11-6785-305-9 (03320)

글 ⓒ 신원학, 이영선 2026

{팀 다이얼로그}

서로 배우는 대화로
성과와 실행을 만드는 법

신원학, 이영선 지음

슬로디미디어

피드백은 주고받는데,
성과는 왜 그대로일까?

다양한 대화 수단을 사용하고 아무리 회의를 많이 해도 팀의 실행력은 좀처럼 나아지지 않습니다. 조직은 개인의 역량을 키우는 데 익숙하지만, 팀이 함께 배우는 방식에는 서툽니다. 피드백이 중요하다는 말은 반복되지만, 그 대화가 팀의 행동으로 확장되는 경우는 드뭅니다. 그리고 이 간극은 특히 팀을 이끄는 리더의 자리에서 가장 선명하게 드러납니다.

조직은 끊임없이 변화를 요구받고 있습니다. 달성해야 할 실적은 매년 상승하고, 이를 뒷받침할 실행은 더욱 민첩해야 합니다. 이러한 상황에서 조직은 팀의 성과관리 수단으로 코칭과 피드백을 강조합니다. 그러나 현장의 리더들은 '피드백을 주고받을 시간이 없다', '원온원 코칭은 부담스럽다', '구성원들이 질문에 답하지 않는다'와 같은 현실적인 문제에 반복해서 직면합니다.

문제는 대화의 부족이 아니라 대화의 방식입니다. 그동안 조직은 리더에게 '피드백 주는 사람'의 역할과 기술을 요구해 왔습니다. 하지만 피드백이 학습으로 이어지려면, '피드백 받는 사람의 태도'와 '팀의 대화 환경'이 함께 설계되어야 합니다. 피드백을 잘하는 리더보다 서로 배우는 팀이 필요합니다.

이 책은 10여 년 전 더글러스 스톤과 쉴라 힌의 『하버드 피드백의 기술』을 읽고 시작되었습니다. 피드백을 잘 주는 법뿐 아니라 피드백을 잘 받는 사람의 감정과 접근을 다룬다는 점, 피드백 받는 행위 자체를 탐구한 관점이 신선하게 다가왔습니다. 이어 그들의 전작 『대화의 심리학』을 읽으며 '배우는 대화'라는 개념을 발견했습니다. 당시 피드백 교육은 대부분 주는 법에 머물러 있었습니다. 그러다 '리버스 멘토링' 개념이 등장하며 리더가 구성원에게 피드백을 요청하는 흐름이 나타나기 시작했습니다. 저는 그 변화를 보며 '서로 배우는 대화'라는 주제의 필요성을 확신했습니다.

하지만 시간이 흐르면서 조직의 현실이 달라졌습니다. 일대일 피드백이나 코칭만으로는 팀이 실행력과 몰입을 유지하기 어렵게 된 것입니다. 현장에서는 리더가 원온원 코칭의 중요성은 알지만, 실행이 어렵다는 이야기가 반복적으로 나왔습니다. 피드백이 개인의 성장을 위해서만 작동할 때, 팀의 학습이 단절되는 것이죠. 그래서 이 책의 방향을 개인의 피드백을 넘어, 팀 전체가 '서로 배우는 대화'를 탐구하는 것으로 발전시켰습니다. 이 책 『팀 다이얼로그』는 조직의 최소 단위인 팀의 성장과 학습을 돕기 위한 책입니다.

이 책은 피드백을 기술이 아닌 일하는 방식으로 다룹니다. 단순히 정보를 전달하거나 평가를 주고받는 과정이 아니라, 팀이 함께 배우는 과정을 바라봅니다. 이 책이 다른 피드백 관련 책과 다른 점은 세 가지입니다.

첫째, 개인의 역량보다 팀의 상호 학습 구조를 중심으로 설계했습니다. 둘째, 피드백을 '과거의 평가'가 아닌 '미래의 실행'을 설계하는 대화로 확장했습니다. 셋째, 리더-구성원 일대일 관계만이 아니라 팀 전체가 서로 배우는 방식을 다루었습니다.

이 책의 독자는 피드백에 회의적이거나 냉소적인 직장인, HRD 담당자, 그리고 팀 단위로 일의 방식을 바꾸고자 하는 리더입니다. 목표는 단순합니다. '팀 대화가 곧 학습이 되는 방식'을 함께 찾는 것입니다.

이 책을 완성하는 여정에 많은 분의 도움이 있었습니다. 조직개발 분야에서 깊은 통찰과 배움을 아낌없이 나눠주신 송영학 교수님, 인생의 방향을 볼 수 있도록 도와주신 아주대 이성엽 교수님, 그리고 이 책의 방향을 구체화하는 과정에서 대화형 조직개발(Dialogic OD)의 개념을 함께 논의해 주신 이영선 박사님께 깊이 감사드립니다. 특히 이영선 박사와의 대화는 이 책이 '팀 다이얼로그'라는 서로 배우는 대화의 기술로 확장되는 계기가 되었습니다.

살인적인 일정임에도 꼼꼼히 읽고 추천사를 써 주신 국민대 김성준 교수님, 기아 조직개발팀 이승연 책임님, Worxphere 조직문화팀 신현정 팀장님, LG디스플레이 조직문화기획팀 양유정 책임님께도 지면을 빌려 깊은 감사의 말씀을 드립니다. 더불어 무심한 아들에게 한없이 다정한 부모님, 게으른 남편과 심심한 아빠를 데리고 살아 주는 가족에게도 깊은 감사를 드립니다. 사랑합니다.

이 책은 팀의 대화가 단순한 소통을 넘어 함께 배우는 장이 되길 바라는 마음에서 출발했습니다. 팀은 피드백의 종착점이 아니라 출발점입니다. 이 책이 팀과 개인의 성장에 작지만 확실한 변화를 만들어내길 바랍니다.

북촌 서재 '이유와 방법'에서

신원학

대화의 질이
변화를 만듭니다

조직개발전문가로, 팀 코치로 일하면서 수없이 들었던 질문이 있습니다. "어떻게 하면 우리 팀이 더 잘 소통할 수 있을까요?"라는 질문입니다. 그런데 이 질문 속에는 사실 더 깊은 바람이 숨어 있습니다. 바로 '어떻게 하면 우리 팀이 변화할 수 있을까?'입니다.

대화가 달라지면 팀이 달라집니다. 대화의 질이 관계의 질을 결정하고, 관계의 질이 성과의 질을 결정합니다. 대화는 단순히 정보를 주고받는 것이 아니라 팀의 현실을 만드는 행위입니다. 같은 상황이라도 어떤 대화를 하는가에 따라 '불가능한 목표를 떠안은 팀'이 되기도, '도전을 함께 해결하는 팀'이 되기도 합니다.

신원학 대표님과 대화를 나누며 우리가 같은 질문을 품고 있다는 것을 알았습니다. '팀이 어떻게 서로에게서 배우는가? 그 대화는 어떻게 가능한가?'를 주제로 한 대화가 이 책의 출발점이 되었습니다.

코칭 철학을 조직개발에 적용해 오며 알게 된 것이 있습니다. 스스로 찾아낼 힘이 있는 사람들은 적절한 질문과 공간만 제공되면 놀라운 통찰에 도달한다는 것입니다. 특히 팀 코칭을 하면서, 리더와 구성원이 서로의 관점을 이해하고 함께 배우기 시작할 때 팀이 완전히 다른 에너지를 갖는 것을 목격했습니다. 하지만 '서로 배우는 대화'는 쉽지 않습니다. 우리는 각자 다른 현실을 보면서도 같은 것을 봤다고 착각합니다. 정보가 부족할 때는 확인보다 추측으로 빈칸을 채웁니다. 불확실할수록 상대를 부정적으로 해석합니다. 이것은 능력의 문제가 아닙니다. 인간의 본능입니다.

그렇다면 이 본능을 어떻게 넘어설 수 있을까요? 바로 관점을 의도적으로 바꾸려고 노력하는 것입니다. 이해시켜야 할 사람이 아니라 함께 탐색할 사람으로, 지시-실행 관계가 아니라 함께 만들어가는 관계로, 평가하는 관계가 아니라 함께 성장하는 관계로 관점을 바꾸면 질문이 달라지고, 질문이 달라지면 대화의 질이 달라집니다.

이 책은 팀의 대화를 바꾸고 싶은 리더, 구성원 간 소통에 어려움을 겪는 팀, 조직문화를 만들어가는 HRD·조직개발 담당자들을 위한 책입니다. 특히 피드백을 주고받기는 하지만 어색함을 느끼는 분, 같은 말을 하지만 각자의 해석으로 혼란스러움을 느끼는 분, 그리고 대화가 변화로 이어지지 않는 팀 모두에게 이 책이 문제를 해결하는 작은 실마리가 되기를 바랍니다.

이 책은 완벽한 답을 제시하지 않습니다. 팀마다 고유한 결이 있고,

진짜 답은 외부에서 주어지는 것이 아니라 여러분 팀 안에서 발견되고 만들어지는 것이기 때문입니다. 그리고 여러분이야말로 여러분 팀의 역사와 맥락, 관계를 가장 깊이 이해하는 전문가입니다. 다만 여러분이 그 답을 찾아가는 여정에, 신원학 대표와 제가 각자의 현장에서 발견한 통찰과 실제로 적용할 수 있는 방법들이 작은 길잡이가 되기를 바랍니다.

대화의 질이 좋아지면 관계가 달라지고, 함께 일하는 시간에서 더 큰 의미를 발견하게 됩니다. 이 책이 여러분 팀의 작은 시작점이 되기를, 서로 배우는 대화를 통해 함께 성장하는 경험을 하시기를 진심으로 응원합니다.

함께 대화하고 배움을 나눠주신 신원학 대표님, 조직개발과 코칭의 세계로 초대해 주신 분들, 코칭에 가르침을 주신 모든 팀에게 깊이 감사드립니다.

CODE[*] 연구실에서

이영선

---

[*] Coaching for Organization Development and Evolution

저는 조직문화 연구자로서 우리 기업들에서 두드러지게 관찰되는 두 가지 습관에 깊은 문제의식을 느끼고 있습니다. 하나는 리더들의 습관입니다. 구성원들이 보고서나 기획서를 가져오면 '내 허들을 넘어 봐. 내 기준을 넘어야 위로 가지고 올라가지. 내 기준을 넘지도 못하는데 그걸 내가 어떻게 들고 가나' 하는 평가적 자세입니다. 산업이 안정적으로 공고하고 전문가가 조직에 많이 포진해 있는 상황에서는 이 같은 자세가 유효할 수 있습니다. 하지만 이런 리더 앞에서 구성원들은 점점 '생각하는 사람'이 아니라 '맞히는 사람'이 됩니다. 무엇이 옳은지를 고민하기보다, 리더가 무엇을 좋아할지를 추측하는 데 에너지를 쏟습니다. 기획서는 실험으로 옮기기 위한 가설이 아니라, 통과를 위한 정답지로 변합니다. 질문은 사라지고, 안전한 표현만 남습니다.

리더의 이러한 평가적 자세는 조직의 대화를 빠르게 경직시킵니다. "왜 깊이 생각하지 않냐, 왜 자발적으로 고민하지 않냐"라는 리더의 물음에 구성원은 '머리를 써도 달라질 것이 없다'라고 학습된 상태입니다. 위에서는 기준을 들이대고, 아래에서는 눈치를 학습하는 구조 안에서 대화는 더 이상 배움의 통로가 아니라, 통과 의례가 됩니다. 요즘처럼 정답이 없는 BANI 시대에는 이 같은 습관이 새로운 시도를 억압하고, 조직이 움직이는 속도를 크게 낮춥니다.

또 다른 습관은 회의할 때 가장 좋은 아이디어를 찾는 일에 노력하기보다, '누가 옳은 말을 하는지 따지는 일에 더 집중하는 것'입니다. 이 습관은 회의를 집단 창의성을 살리는 방식이 아니라, 자존심을 다투는 격투장으로 바꿔 놓습니다. 아이디어는 미완의 형태로 테이블 위에 올라오기보다 방어 가능한 형태로 다듬어진 뒤에야 조심스럽게 올라옵니다. 여러 의견을 덧붙여 생각을 확장하는 일보다 허점을 찾아 반박하는 일이 더 지적인 태도로 간주됩니다. 회의가 끝나고 나면 누가 이겼는지를 기억할 뿐, 우리가 무엇을 배웠는지 그리고 서로의 생각을 덧대어 어떤 결과물을 냈는지는 남지 않습니다. 이런 분위기에서 구성원들은 좋은 질문을 던지는 사람보다 말싸움에서 밀리지 않는 사람이 안전하다는 것을, 가능성을 여는 말보다 이미 검증된 말이 살아남는다는 것을 빠르게 학습합니다. 그 결과 회의는 점점 조용해지거나, 소수의 익숙한 목소리만 반복됩니다. 침묵은 합의로 오해되고, 반대는 불편함으로 남습니다. 조직은 겉으로는 합리적으로 보이지만, 실제로는 사고의 폭과 실험의 여지를 빠르게 잃어갑니다.

평가를 전제로 한 리더의 기준 제시와 옳고 그름을 가르는 회의 방식이라는 두 가지 습관은 서로를 강화합니다. 위에서는 허들을 세우고, 안에서는 논쟁을 벌이는 구조. 이 구조 속에서 대화는 학습을 촉진하기보다 위험을 관리하는 수단이 됩니다. 새로운 아이디어는 반드시 설득해야 하는 부담을 안고 시작되며, 위로 올라갈수록 점차 그 날카로운 예기를 잃고 평범해집니다.

이 책『팀 다이얼로그』가 중요한 이유는, 바로 이 지점에서 대화를 개인의 역량 문제가 아니라 조직의 작동 방식으로 다루기 때문입니다. 이 책은 '누가 더 잘 말해야 하는가'를 따지지 않습니다. 대신 '우리의 대화로 어떻게 배우고 인식을 확장시킬 것인가'를 묻습니다. 평가와 논쟁 중심의 대화를 관찰-해석-실험-학습이 순환되는 대화 구조로 바꾸지 않는 한, 아무리 뛰어난 개인이 모여 있는 조직에도 배움은 없습니다. AI로 새로운 시대를 탐험하는 모든 리더에게 이 책을 추천합니다.

국민대학교 경영대학원 겸임교수 김성준

....

33년간 HR 현장에서 일하며 수많은 리더십 프로그램을 경험했습니다. 그러나 솔직히 고백하자면, 프로그램이 끝나고 나면 늘 같은 질문이 남았습니다. "교육은 좋았는데 왜 현장은 바뀌지 않을까?"

이 책은 바로 이 화두에 대한 통찰을 담고 있습니다. HR 담당자들이 가장 답답해하는 지점은 "좋은 이론을 우리 팀에 어떻게 적용하지?"라는 물음입니다.

이 책『팀 다이얼로그』가 특별한 이유는 이론과 실무 사이의 간극을 메우기 때문입니다. 특히 '피드백 잘 받기'에 대한 통찰은 매우 인상적입니다. 우리는 그동안 피드백을 주는 법만 가르쳐왔습니다. 하지만 현장에서 문제가 되는 건 피드백을 받는 사람의 방어적 태도였습니다. 이 책은 피드백을 팀의 학습 구조로 재정의하며, 리더와 구성원이 함께 배우는 방법을 구체적으로 제시합니다. 무엇보다 이 책은 '완벽한 대화'를 요구하지 않습니다. 서툴러도 괜찮고, 실수해도 괜찮다고 말합니다. 중요한 건 함께 배우려는 마음입니다. 이런 따뜻한 초대는 리더들의 어깨를 무겁게 짓누르기보다 용기를 북돋습니다. 30년 넘게 HR 현장에서 일하며 확신하게 된 게 있습니다. 조직의 변화는 거창한 프로젝트에서 시작되는 게 아니라는 점입니다. 조직의 변화는 오늘 오후 팀 회의에서, 복도에서 마주친 동료와의 짧은 대화에서 조금씩 일어납니다. 일상의 대화가 달라질 때 조직의 진짜 변화가 시작됩니다. 이 책이 여러분 팀의 대화를 바꾸는 첫걸음이 되길 바랍니다.

前 두산인프라코어 인사총괄 전무,
現 바텍이우홀딩스 전무 박성권

....

리더십과 조직문화 개발 업무를 하며 해온 고민이 있습니다. "어떻게 하면 리더십 교육이 일회성 이벤트가 아닌, 팀의 일상이 될 수 있을까?"입니다. 맥킨지에서 컨설턴트로, 두산에서 리더십 개발 총괄자로, 미국에서 리더십을 코칭하는 사람으로 있으면서 확신하게 된 것이 있습니다. 조직의 변화는 결국 사람들이 나누는 대화의 질에 달려 있다는 것입니다.

이 책 『팀 다이얼로그』는 바로 그 대화의 질을 높이는 체계적인 방법을 제시합니다. 이 책의 핵심은 리더 개인의 스킬을 높이는 것이 아니라, 팀 전체가 함께 배우는 구조를 만드는 것입니다. 팀의 목적을 함께 확인하고, 전략을 협력적으로 만들어가며, 실행 속에서 지속적으로 관찰하고 실험하고 배우는 과정은 제가 현장에서 목격했던 실제 팀 변화의 원리를 명쾌하게 설명합니다.

일대일 코칭을 하며 많은 리더가 '팀과 어떻게 대화해야 할지 모르겠다'라며 고민하는 것을 보곤 합니다. 이 책은 바로 그 고민에 대한 실질적 해답입니다. 진짜 리더십 교육은 교육장이 아니라 일터에서 일어나야 합니다. 팀의 변화를 진심으로 원하는 리더들, 그리고 현장에서 작동하는 리더십 프로그램을 만들고 싶은 모든 HRD 담당자에게 이 책을 추천합니다.

前 두산그룹Doosan Leadership Institute 부사장 최재우

....

30년 넘게 인적자원개발 분야에서 연구하고 가르치며 확신한 것이 있습니다. 조직의 성과는 결국 사람들이 어떤 가치를 만들어가느냐에 달려 있다는 것입니다. 그래서 저는 최근『인적가치개발론』을 통해 인적자원을 수단으로 보는 시각에서 벗어나, 개별적 가치를 지닌 존재로 보는 관점의 전환을 제안했습니다.

이영선 박사를 처음 만난 건 2018년 겨울, 학회에서였습니다. 그리고 함께 연구하며 발견한 것은 이영선 박사가 이론과 현장을 연결하는 탁월한 능력을 지녔다는 점입니다. 두산그룹에서 실무 경험과 학문적 탐구를 균형 있게 결합하는 연구자의 면모는 이번 책에 고스란히 담겨 있습니다.

『팀 다이얼로그』를 읽으며 반가웠습니다. 이 책이 제가 강조해온 '인적가치개발'의 관점을 실천적으로 구현하고 있기 때문입니다. 팀원을 성과 목표를 위한 수단이 아닌, 함께 배우며 가치를 만들어가는 존재로 바라보는 시각은 바로 인적자원개발에서 인적가치개발로의 전환을 대화라는 구체적 실천으로 보여 줍니다. 가장 인상적인 부분은 대화를 단순한 커뮤니케이션 기술이 아닌, 팀의 학습 구조로 재정의한 점입니다. 팀의 존재 이유를 함께 탐색하고, 전략을 협력적으로 만들며, 실행 과정을 학습의 순환으로 연결하는 접근은 조직 구성원이 조직의 가치 창출에 자발적으로 이바지하는 구조를 만드는 실질적 방법론입니다. 사실-생각-마음-기대로 말을 구분하고, 알아차림-질문-성찰이라는 기본기를 다지는 것은, 서로의 개별적 가치를 존중하며 함께 배우는 문

화를 만드는 토대가 됩니다.

성과 향상을 위해서는 개인의 역량 개발만이 아니라, 팀이 함께 배우는 시스템이 필요합니다. 6장 인사팀의 사례는 이론이 현장에 어떻게 적용되는지를 생생하게 증명하고, HRD 실무자들에게 즉시 적용 가능한 설계 도구를 제공합니다. 기업교육 현장에서 일하는 HRD 담당자들, 팀의 학습 문화를 만들고 싶은 리더들, 그리고 인적자원개발의 새로운 방향을 모색하는 연구자들에게 이 책을 추천합니다. 이 책은 단순히 대화에 관한 책이 아니라, 사람의 가치가 존중받고 함께 성장하는 조직을 만드는 실천적 지침서입니다. 이 책을 통해 대화가 만드는 인적가치, 그 실천의 장으로 초대합니다.

前 한국기업교육학회 회장,
現 동국대학교 교육학과 교수 장환영

．．

우리는 회의와 보고, 원온원 미팅, 코칭, 워크숍 등 업무의 다양한 현장에서 '대화'를 나눕니다. 하지만 각자 익숙한 프레임으로 상대를 바라보고, 때로는 자신이 하고 싶은 말과 다른 이야기를 하기도 합니다. 한 번도 '대화하는 법'을 제대로 배운 적이 없기 때문입니다.

대화에서 시작된 오해와 균열은 함께 일할 때 어려움으로 이어집니다. 이 책『팀 다이얼로그』는 협업의 시작이 '대화'일 수 있음을 제시합니다. 대화를 통해 우리는 서로 배우고 성장하며, 결국엔 일하는 방식까지 바꾸어낼 수 있습니다.

의미가 아닌 파편적인 정보만 오가는 대화를 하고 있다고 느껴진다면, 변화를 시도해도 제자리걸음이라면, 진짜 조직의 변화와 성장을 만들고 싶다면 이 책을 읽어 보시길 바랍니다.

LG디스플레이 조직문화기획팀 책임 양유정

조직문화 프로그램을 운영하면서 가장 어려운 순간은 프로그램 이후입니다. '현장으로 돌아가면 어떻게 실천하죠?'라는 질문 앞에서 막막한 것입니다. 이 책은 대화를 감성적 공감이 아닌, 전략을 실행하고 학습을 순환시키는 시스템으로 재정의합니다. 알아차림-질문-성찰의 기본기부터 AAR 기반 팀 성찰, 우다 루프를 활용한 피드포워드 설계까지 즉시 적용 가능한 도구들이 체계적으로 정리되어 있습니다. 이 책은 대화에 관한 책이 아니라, 팀이 배우는 구조를 만드는 실무 설계서입니다.

잡코리아 조직문화팀 팀장 신현정

· ·

1:1 코칭과 피드백 등 대화는 넘칩니다. 하지만 변화는 일어나지 않습니다. 왜일까요? 답은 구조입니다. 팀의 Why가 정렬되지 않고, 전략이 팀의 언어로 번역되지 않고, 관찰-실험-피드백 루프가 돌지 않는 것. 『팀 다이얼로그』는 이 세 가지 간극을 정면으로 다룹니다. 무겁지 않게. 그러나 놀라울 만큼 정교하게. 이 책은 "대화를 잘하자"라는 조언이 아닙니다. 팀 차원(Level)의 학습 시스템을 만드는 조직개발 매뉴얼입니다. 특히 브이핏 인사팀 사례는 실무적으로 매우 훌륭합니다. 전략-관점-행동의 연결을 보여주기 때문입니다. 팀 단위 변화를 이끌어야 하는 HR/OD 담당자, 현업 리더라면 이 책을 읽어야 할 이유가 명확합니다. 기업 현장의 변화추진 업무를 18년간 수행해 본 관점에서 이 책은 단순히 '좋은 책'이 아니라 '하나의 기준(reference text)'입니다.

기아 조직개발팀 책임(PhD) 이승연

차례

──── 1장 ────
왜 지금, 서로 배우는 대화인가

──── 2장 ────
서로 배우는 대화를 위한 세 가지 점검 사항

3장
서로 배우는 대화란 무엇인가

6장
서로 배우는 대화가 작동하는 팀

대화가
팀의 실행을 바꿀 때

피드백은 있었습니다. 회의도 많았고, 보고도 충분했습니다. 그런데도 팀의 실행은 기대만큼 움직이지 않았습니다. 성과의 문제 같지만 진짜 문제는 팀 대화의 구조였습니다. 리더는 지시하고 팀원은 속으로 '그것은 현실적이지 않습니다'라고 되뇌는 구조였던 것이죠. 이런 구조에서는 말이 오가도 배움은 일어나지 않습니다.

이는 오늘날 많은 조직이 겪는 문제입니다. 소통 부족이 아니라, 배움이 일어나지 않고, 배움이 일로 이어지지 않는 구조의 문제를 안고 있는 것입니다. 팀 대화는 판단과 실행이 교차하며 학습이 일어나는 구조여야 합니다. 이 책은 바로 그 구조를 세우기 위한 제안이자, '서로 배우는 대화'를 통해 함께 일하며 배우는 방식을 다룹니다. 그리고 우리는 이 방식을 '팀 다이얼로그(Team Dialogue)'라고 부릅니다.

팀 다이얼로그는 새로운 용어나 새로운 대화법이 아닙니다. 배움이 일의 흐름 안에서 작동하는 구조를 뜻합니다. 즉, '서로 배우는 대화'를 가능하게 하는 일의 기술입니다.

이 책은 팀이 배우는 구조를 만들어가는 여섯 걸음을 따라갑니다. 장마다 대화가 어떻게 학습과 성과를 연결하는 기술로 진화하는지를 보여줄 것입니다.

1장. 왜 지금, 서로 배우는 대화인가

세상은 빠르게 변하지만, 조직의 대화 방식은 여전히 '보고-평가-지시'에 머물러 있습니다. 이 장은 피드백이 아니라 서로 배우는 구조가 필요한 이유를 보여 줍니다. 성과 중심의 대화에서 학습 중심의 대화로 전환하는 출발점입니다.

2장. 서로 배우는 대화를 위한 세 가지 점검 사항

전략은 있는데 실행이 멈추는 이유는 전략이 팀의 언어로 해석되지 않기 때문입니다. 이 장은 함께 배우는 팀으로 성장하기 위한 세 가지 점검 사항(팀의 Why, 전략과 실행, 일하는 방식)을 알아보며, 전략을 학습 가능한 언어로 바꾸는 방법을 제시합니다.

3장. 서로 배우는 대화란 무엇인가

대화는 정보를 전달하는 행위가 아니라 팀의 현실을 함께 만드는 과정입니다. 이 장에서는 배우는 대화를 가로막는 인지적 본능을 살펴보고, '이해시켜야 할 사람'에서 '함께 의미를 만드는 사람'으로 서로를 바라보는 시선의 전환을 제안합니다. 시선이 바뀔 때, 대화는 비로소 학습이 됩니다.

4장. 서로 배우는 대화의 기본기와 말의 구성요소

좋은 대화는 기술보다 태도에서 시작됩니다. 알아차림, 질문, 성찰은 서로 배우는 대화의 기본기입니다. 또한, 말의 구성요소를 '사실, 생각, 감정, 기대'로 구분할 때 오해는 줄어들고 신뢰는 커집니다. 이 장은 대화를 정보 교환이 아닌 의미 교환으로 확장합니다.

5장. 성장을 완성하는 피드백의 선순환

피드백은 과거를 평가하는 절차가 아니라, 미래를 설계하는 대화입니다. 이 장은 피드백과 피드포워드의 순환을 통해 개인의 배움이 팀의 실행으로 확장되는 구조를 보여 줍니다. 일방적인 평가 시스템에서 서로 배우는 시스템으로 전환하는 기술입니다.

6장. 서로 배우는 대화가 작동하는 팀

가상의 팀 사례를 통해, 서로 배우는 대화가 현장에서 어떻게 작동하는지를 보여 줍니다. 팀은 Why를 정렬하고, 전략을 함께 설계하고, 실행을 관찰–실험–피드백의 루프로 이어갑니다. 이 장은 대화가 팀이 일하는 방식임을 보여 줍니다.

대화는 평가와 지시가 아니라, 학습의 장치입니다. 그리고 이 책은 말의 기술이 아니라, 팀이 배우는 구조를 설계하는 방법론을 다룹니다. 대화가 감정의 교류를 넘어 전략을 실행하고, 실행을 학습으로 전환하는 시스템이 될 때 조직은 스스로 배우는 존재로 진화합니다. 서로 배우는 대화의 기술, 그것이 바로 '팀 다이얼로그'입니다.

이 책은 리더, 팀원, 그리고 HRD·조직개발 담당자 모두를 위한 대화 설계서입니다. 리더에게는 전략을 실행으로 옮기는 대화의 프레임을, 팀원에게는 피드백을 자기 성장의 루프로 바꾸는 방법을, 조직개발 담당자에게는 학습이 실제로 작동하는 시스템을 설계하는 시각을 제시합니다. 순서대로 읽지 않아도 괜찮습니다. 당신의 팀이 지금 어디에 머물러 있는지를 파악하고 필요한 내용부터 읽으세요.

대화는 언제나 현재의 문제에서 시작되는 실험입니다. 모든 팀 구성원은 서로 대화하고 있습니다. 하지만 진짜 대화는 서로 배우는 구조가 만들어질 때 시작됩니다. '팀 다이얼로그'는 성과, 학습, 관계를 함께 성장시키는 가장 인간적이면서도 구조적인 일의 기술입니다.

당신의 대화가 바뀌면
팀의 판단이 달라지고, 실행의 결과가 바뀝니다.
그것이 바로 서로 배우는 대화의 기술입니다.

1장

왜 지금,
서로 배우는 대화인가

외부 환경의 불확실성: VUCA에서 BANI로

몇 해 전까지만 해도 기업과 조직은 VUCA라는 말로 세상을 설명했습니다. 변동성(Volatility), 불확실성(Uncertainty), 복잡성(Complexity), 모호성(Ambiguity)이라는 네 단어는 급변하는 시장 상황과 예측하기 힘든 미래를 잘 보여 주었습니다. 그러나 범지구적 유행병, 전쟁, 기후 위기, 그리고 AI의 급격한 발전은 VUCA가 설명하지 못하는 영역을 드러냈습니다. 불확실성을 넘어, 사람들이 극도의 불안과 취약성을 경험하기 시작한 것입니다.

바로 이 지점을 짚어낸 개념이 BANI입니다. 미래학자 자메이스 카시오(Jamais Cascio)는 2020년 온라인 매체 미디엄(Medium)에 「혼돈의 시대를 마주하며(Facing the Age of Chaos)」를 게재하며 팬데믹 이후의 혼란을 설명하기 위해 VUCA 대신 BANI를 제안했습니다. BANI는 취약함(Brittle), 불안(Anxious), 비선형성(Nonlinear), 이해 불가(Incomprehensible)를 뜻합니다. VUCA가 외부 세계의 특성을 묘사하는 데 초점을 맞췄다면, BANI는 그 속에서 사람과 조직이 실제로 겪는 심리적·정서적 상태까지 포착하려는 시도입니다.

변화는 현장에서 분명하게 드러납니다. 데이터는 넘쳐나는데 불안은 줄어들지 않습니다. 전략은 분명하게 설명되는데 팀원들은 납득하지 못합니다. 작은 변수 하나가 시스템 전체를 흔들고, 원인과 결과가 예측할 수 없는 방향으로 튀어 오릅니다. 설명은 가능하지만, 설득은 되지 않는 순간이 많아집니다. 이것이 바로 팀이 매일 부딪히는 BANI의 현실입니다. 그렇다면 이런 시대에 '서로 배우는 대화'는 어떤 역할을 할 수 있을까요?

첫째, 취약함 속에서 서로의 약점을 보완하는 안전망이 됩니다. 작은 충격에도 흔들릴 때, 대화는 서로 기대고 버틸 수 있는 지지대가 됩니다.

둘째, 불안이 높을 때 감정을 나누고 공감하는 장이 됩니다. 불안을 줄이는 것은 데이터가 아니라, 불안을 말할 수 있는 공간입니다.

셋째, 비선형적 세계에서는 정답을 찾기보다 다양한 관점을 교차시키는 대화가 새로운 길을 발견하게 합니다. 혼자서는 예측할 수 없지만, 여럿의 시선이 모이면 가능성이 보입니다. 이해하기 어려운 상황에서 대화는 의미를 재해석하고 언어를 구성합니다. 설명할 수는 있지만 납득되지 않는 상황에서 대화는 사람들에게 '이해할 수 있는 이유'를 부여합니다.

결국, BANI 시대의 배우는 대화는 선택이 아니라 생존을 위한 집단적 회복력입니다. 불안과 취약성을 개인이 홀로 감당하는 것이 아니라, 대화를 통해 서로의 경험과 시각을 배우며 합의된 의미로 만들어가는 것이 바로 지금 우리가 회복해야 할 능력입니다.

AI 시대, 왜 여전히 인간의 대화가 필요한가?

책을 공동 집필하는 과정은 늘 묘한 긴장감을 동반합니다. 서로의 생각을 더 풍성하게 만들 수 있다는 기대가 있는 반면, 다른 시선이 부딪히며 불편함이 드러나기도 합니다. 저 역시 원고를 주고받던 중 그런 순간을 마주했습니다. 함께 집필하던 박사님이 제가 쓴 단락 하나를 삭제하는 것이 좋겠다고 제안한 것입니다.

순간 머릿속이 복잡해졌습니다. 왜 삭제를 제안하셨을까? 내가 쓴 내용이 틀린 걸까? 서운한 감정이 스쳤습니다. 그러나 한편으로는 이 과정이 낯설지 않게 다가왔습니다. '아, 지금 내가 쓰고 있는 주제인 서로 배우는 대화를 실제로 경험하고 있구나. 내 감정이 드러나고, 가치가 충돌하고, 경험이 대화 속에 개입되는 장면이 바로 여기 있구나'라는 것을 깨달았습니다.

그러고는 문득 이런 생각이 이어졌습니다. 만약 이 책을 박사님이 아니라 AI와 함께 쓰고 있다면 어땠을까? 원고의 구조와 논리는 매끄러워졌을지 모르지만, 지금처럼 감정이 요동치고 의미와 가치가 드러나는 경험은 없었을 것입니다.

우리는 이미 AI와 많은 시간을 함께하고 있습니다. 보고서를 다듬고, 자료를 찾고, 새로운 아이디어를 떠올릴 때마다 자연스럽게 AI를 불러냅니다. 불과 몇 년 전까지만 해도 검색창에 단어를 입력하던 우리가, 이제는 마치 동료와 대화하듯 질문을 던지고 답을 듣습니다. 앞으로는 인간보다 AI와 더 많은 시간을 대화하며 보내게 될지도 모릅니다.

플라톤은 대화를 '진리를 낳는 산파술'이라고 했습니다. 산파가 아이를 낳아 주는 게 아니라 돕는 것이듯, 대화도 정답을 주는 게 아니라 상대의 숨어 있는 생각을 세상 밖으로 꺼내는 과정인 것이죠. AI도 분명히 그런 순간을 만들어 줍니다. 제가 경험한 몇 가지 일을 떠올려 봅니다.

AI는 제가 놓치고 있던 자료와 사례를 빠르게 연결해 주었습니다. 때로는 질문의 구조를 바꾸어 제 사고의 틀을 흔들기도 하고, 제 말을 되짚어 묻는 한 문장으로 제 안을 들여다보는 거울이 되어 주기도 했습니다. 이러한 과정에서 배움이 촉발되었습니다. 여기서 중요한 것은 배움이 AI에서 나온 게 아니라 제 안에서 일어났다는 것입니다. AI는 거울이자 촉매였을 뿐입니다.

동시에 AI와의 대화가 채워 주지 못하는 영역도 분명합니다. AI는 경험을 해내지 못합니다. 그래서 AI가 만든 이야기에는 체온이 없습니다. AI는 가치를 선택하지 못합니다. 그래서 무엇이 중요한지, 어디에 책임을 둘지는 인간이 결정해야 합니다. AI는 감정을 느끼지 못합니다. 공감의 문장을 만들 수는 있어도, 관계의 온도까지는 옮겨오지 못합니다.

이런 사실을 잘 알면서도 우리는 왜 대화를 잘하지 못할까요? 이유는 다음과 같이 정리할 수 있습니다.

첫째, 습관 때문입니다. 머리로는 알아도 몸에 밴 반응은 쉽게 바뀌지 않습니다. 둘째, 심리적 안전 때문입니다. 말하는 순간 평가나 불이익이 두려워 입을 닫습니다. 셋째, 구조 때문입니다. 회의는 결론을 내기 위해 열릴 뿐 배움을 위해 설계되지는 않습니다. 넷째, 시간 때문입니다. 성과 압박 속에서 성찰의 여유는 사치처럼 여겨집니다.

그래서 서로 배우는 대화는 저절로 일어나지 않습니다. 서로 배우는 대화는 서로를 존중하는 태도를 전제로, 의도적으로 구조를 만들고 안전을 확보했을 때에야 일어납니다. 구조로도 충분하지 않습니다. 서로 배우는 대화가 생생히 발현되는 힘은 경험, 가치, 감정을 가진 인간과 인간의 만남에서 나오기 때문입니다.

AI와 대화하는 시간이 늘어날수록, 팀 구성원들 간의 대화는 더욱 절실해집니다. 경험을 나누는 대화가 공명을 만들고, 가치를 드러내는 대화가 합의를 낳습니다. 그렇게 쌓인 감정이 관계를 깊어지게 합니다.

장자는 "군자는 거울을 통해 자신을 비추듯, 타인을 통해 자신을 본다"라고 했습니다. 대화란 결국 거울처럼 서로를 비추어 주는 행위입니다. 하버드 비즈니스 리뷰(Harvard Business Review) 역시 "의미 있는 대화가 전략 실행의 가장 큰 동력"이라고 강조합니다. AI가 아무리 발달해도 인간적 차원은 대체할 수 없습니다. AI는 생각을 정리해 줄 수는 있지만, 팀이 함께 배우는 과정까지 대신해 주지는 못합니다.

그래서 우리는 묻습니다.

"AI와의 대화가 늘어나는 시대에 여러분의 팀에는 어떤 대화가 필요합니까?"

가벼워진 조직, 무거워진 대화

송길영 작가는 『시대예보: 경량문명의 탄생』에서 "세상은 점점 가벼워지고 있다"라고 말했습니다. 무겁게 짊어지고 가던 물건, 관계, 제도들이 점차 경량화되고 있다는 것입니다. 조직도 예외가 아닙니다. 한 팀에 머물며 직급과 서열에 따라 일하는 구조는 약화하고, 프로젝트마다 흩어졌다 모이는 방식이 보편화하고 있습니다. 스타트업은 물론이고 대기업도 마찬가지입니다. 어디서든 필요한 사람끼리 모여 팀을 꾸리고, 프로젝트가 끝나면 해체합니다. 그 안에서 PO(프로젝트 오너)의 역할에도 변화가 생겼습니다. 목표와 방향은 이끌지만, 인사권이 없습니다.

대신 평판이 중요해졌습니다. "그 사람과 다시 일하고 싶다"라는 평판이 성과만큼이나 중요한 자산이 되었습니다. 짧은 기간 어떻게 협력했는지가 다음 프로젝트의 기회를 결정하게 된 것입니다.

그러나 이런 구조는 새로운 어려움도 동반합니다. 프로젝트에 파견되었다가 돌아오는 과정을 반복하며 소속감과 정체성을 잃기 쉬워졌습니다. 프로젝트에서의 경험을 팀에 공유하지 않아 배움이 개인의 배움으로 남게 되었습니다. 비슷한 문제가 생겨도 누가 무엇을 알고 있는지 알기 어려우니 팀은 함께 일하고 있으나 함께 배우고 있다는 생각을 상실하게 되었습니다. 프로젝트 기반 조직에서는 비슷한 문제가 반복해서 발생합니다. 각자가 맡은 역할에 최선을 다하지만, 그 과정에서 얻은 판단과 배움이 팀 차원으로 연결되지는 않습니다.

예를 들어, 제가 한 프로젝트에 혼자 엔지니어로 파견되었다고 가정해 보겠습니다. 프로젝트 안에서 기술적 의사결정을 내려야 하는 상황이 발생했습니다. 두 가지 선택지가 있습니다. 다른 엔지니어와 대화하는 것과 대화하지 않고 혼자 해결하는 것입니다. 다른 엔지니어와 대화하는 것을 선택했다면 조언과 다양한 관점을 들음으로써 빠르고 안정적으로 문제를 해결할 것입니다. 대화하지 않는 것을 선택했다면 시행착오를 겪을 위험이 커질 것입니다. 다음에 벌어질 상황도 비슷합니다. 프로젝트가 끝난 뒤 팀에 복귀했습니다. 그런데 팀에서 같은 문제가 발생한다면? 프로젝트에서 경험한 것을 공유했다면 팀은 빠르게 문제를 해결하겠지만, 공유하지 않았다면 매번 같은 문제를 처음부터 반복해야 할 것입니다.

여기서 팀장의 역할은 경험과 배움을 팀 안에 남기는 것입니다. 팀장은 파견되었다가 돌아온 팀원에게 어떤 어려움이 있었는지, 어떤 판단을 했는지, 다시 한다면 무엇을 새롭게 시도할 것인지를 묻고 그 내용을 팀 회의에서 공유하도록 해야 합니다. 그래야 배움이 개인에 머물지 않고 팀이 참고할 수 있는 기준으로 축적됩니다. 이 과정이 반복될 때, 팀은 단순히 함께 일하는 단위를 넘어 경험을 학습으로 전환하는 단위가 됩니다.

PO의 입장에서도 대화는 결정적입니다. 함께 일하는 사람을 존중하며 대화로 신뢰를 쌓지 못하면, 프로젝트는 쉽게 흔들립니다. 권력이 아니라 대화로 리더십을 발휘해야 하는 것이 PO의 현실입니다. 짧은 기간 각기 다른 배경의 사람들이 하나의 목표를 향해 움직이려면, 배우고 공유하는 대화가 그 무엇보다 중요합니다.

프로젝트 기반 조직에서는 이런 일이 끊임없이 반복됩니다. 각자가 흩어져 다양한 경험을 하고 대화하지 않으면 그 경험은 쉽게 흩어집니다. 그러나 서로 배우는 대화를 한다면 그 경험은 연결되고 확장됩니다. 개인의 성취가 팀의 자산이 되고, 팀의 배움이 조직의 힘이 됩니다.

조직은 가벼워졌습니다. 그러나 가벼워진 만큼 대화의 무게는 더 무거워졌습니다. 프로젝트의 결과물은 남아도 관계와 학습은 쉽게 끊깁니다. 결국 성과보다 오래 남는 것은 우리가 나눈 대화와 그 대화가 남긴 신뢰와 평판입니다.

문제의 복잡성과 상호 의존성

오늘날 조직이 마주하는 문제는 단순하지 않습니다. 디지털 전환, ESG, 고객 경험, 인재 확보와 같은 과제는 어느 한 부서나 전문가의 역량만으로 풀리지 않습니다. 원인과 결과가 직선적으로 이어지지 않고, 여러 요인이 얽히며 예측할 수 없는 방향으로 전개됩니다. 많은 문제가 복잡성(Complexity) 영역에 놓여 있기 때문입니다.

영국의 복잡성 이론(Complexity Theory)의 대가 데이브 스노든(Dave Snowden)은 2007년 하버드 비즈니스 리뷰를 통해 조직이 직면한 상황을 이해하기 위한 의사결정 모델로 '사이네핀 프레임워크(Cynefin Framework)'를 제시했습니다. 그리고 조직이 마주하는 문제를 다섯 가지 영역으로 구분했습니다.

① 명백한 문제(Clear)

원인과 결과의 관계가 누구에게나 분명하게 드러납니다. 이미 검증된 절차와 규칙이 존재하며, 매뉴얼을 따르는 것만으로도 일관된 결과를 낼 수 있습니다. 이 영역에서는 판단보다 표준을 지키는 실행이 중요합니다.

② 난해한 문제(Complicated)

원인과 결과의 관계가 존재하지만, 한눈에 보이지는 않습니다. 충분한 분석과 전문 지식이 필요하며, 여러 대안 중 최적의 해답을 선택해야 합니다. 이 영역에서는 전문가의 분석과 해석이 핵심 역할을 합니다.

③ 복잡한 문제(Complex)

원인과 결과의 관계가 사전에 규정되지 않으며, 상황에 따라 결과가 달라집니다. 무엇이 효과적인지 실제로 시도해 보기 전까지 알 수 없습니다. 이 영역에서는 정답을 찾기보다, 작은 실험을 먼저 해 보고(Probe), 그 결과를 관찰하고(Sense), 다음 행동을 조정하는(Respond) 방식이 필요합니다. 실행 과정에서 작동하는 방식이 드러나는 영역입니다.

④ 혼돈(Chaos)

원인과 결과의 관계가 완전히 붕괴된 상태입니다. 분석이나 토론보다 즉각적인 행동이 우선이며, 질서를 회복하는 조치가 필요합니다. 이 영역에서는 즉시 개입하고(Act), 상황을 파악하고(Sense), 대응을 조정하는(Respond) 방식이 요구됩니다.

⑤ 무질서(Confused)

현재 상황이 어느 영역에 속하는지조차 합의되지 않은 상태입니다. 사람마다 문제를 다르게 인식하고 있어, 적절한 대응 방식이 정해지지 않습니다. 이 영역에서는 문제를 분해해 각 요소가 명백한 문제, 난해한 문제, 복잡한 문제, 혼돈 중 어디에 속하는지 구분하는 작업이 필요합니다.

스노든은 복잡성 영역에 놓인 문제는 전문가가 사전에 정답을 제시할 수 없다고 말합니다. 이 영역의 문제는 분석이나 계획만으로 해결되지 않으므로 무엇이 효과적인지는 실제로 해 보기 전까지 알 수 없습니다. 따라서 정답을 가진 사람을 찾기보다, 위험을 통제할 수 있을 만큼 작은 실험을 먼저 시도하고, 그 결과를 관찰하고, 다음 행동을 조정하는 과정을 반복해야 합니다. 그는 이러한 접근을 '출현적 실천(Emergent Practice)'이라고 부르며, 실행 속에서 여러 시도가 이루어지고 그 결과가 공유·해석되는 과정에서 유효한 대응 방식이 점진적으로 드러난다고 설명합니다.

신제품 개발은 복잡성의 영역을 가장 잘 보여 주는 사례입니다. 새로운 음료를 만든다고 할 때, 레시피를 구성하는 일은 전문가의 지식으로 접근할 수 있습니다. 그러나 그 제품이 시장에서 어떻게 받아들여질지는 사전에 확정할 수 없습니다. 소비자의 반응은 세대, 유통 채널, 가격대, 사회적 분위기에 따라 달라지며, 예상하지 못한 외부 변수 하나에 전체 반응이 바뀌기도 합니다. 그러므로 신제품 개발에서는 완성도 높은 계획보다, 위험을 통제할 수 있는 수준의 시제품을 먼저 출시해 보고, 실제 반응을 확인하고, 조정하는 접근이 필요합니다. 사이네핀 프레임워크에서 말하는 복잡성 영역의 대응 방식인 '실험-관찰-조정'을 적용할 수 있는 대표적인 사례입니다.

이 과정에서 중요한 점은 복잡성의 문제는 언제나 상호 의존성을 동반한다는 사실입니다. 신제품의 성과는 R&D 실험 결과만으로 결정되지 않습니다. 마케팅 메시지와 포지셔닝, 생산과 공급 조건, 영업 현장에서의 반응, 고객 서비스에서 수집되는 피드백이 서로 영향을 미칩니다. 어느 한 부서가 자신의 역할을 잘 수행했다고 해서 결과가 무조건 좋은 것은 아닙니다. 각 부서가 다른 기준과 판단으로 움직이면, 실험 결과는 분산되고 조정 속도는 느려집니다. 그래서 복잡성과 상호 의존성이 동시에 존재하는 상황에서는 '서로 배우는 대화'가 핵심 메커니즘이 됩니다.

실험 결과를 공유해야 모두가 같은 출발점에 설 수 있습니다. 부서별로 데이터를 어떻게 해석했는지를 드러내야 판단 기준을 조정할 수 있습니다. 무엇보다 중요한 건 '이 실험을 통해 무엇을 유지하고 무엇을 바꿀 것인가'에 대한 합의입니다. 여기에 대한 합의가 이루어지지 않으면 실험만 반복되고 학습은 축적되지 않습니다. 정리하면 '서로 배우는 대화'는 다음과 같은 기능을 수행합니다.

첫째, 실험 과정에서 얻은 관찰 결과와 판단 근거를 숨기지 않고 공유함으로써 다음 실험의 출발선을 맞춥니다. 둘째, 같은 결과를 각 부서가 어떻게 해석하고 있는지를 드러냄으로써 판단의 차이를 조정합니다.

셋째, '그래서 다음에 무엇을 바꿀 것인가'를 합의함으로써 배움을 실행
으로 연결합니다.

복잡성 문제는 전문가가 해결해 주지 않습니다. 상호 의존적인 환경
에서는 개인의 최선이 곧 전체의 최선이 아닐 수 있습니다. 공유, 해석,
합의의 대화 속에서 작은 실험과 조정이 반복될 때 복잡성의 문제는 일
회성 대응이 아니라 팀의 학습으로 축적됩니다. 정답을 아는 사람이 없
는 시대에 '서로 배우는 대화'는 복잡성과 상호 의존성을 다루기 위한 필
수 조건입니다.

세대와 가치의 다양성

팀 안에는 성취를 중시하는 사람, 성장을 중시하는 사람, 기여와 안
전을 중시하는 사람 등 다양한 사람이 모여 있습니다. 그래서 같은 목표
를 두고도 받아들이는 이유와 몰입 방식이 다른 것이지요. 흔히 이를 세
대 차이라고 표현하며, 기성세대는 책임과 성과를 강조하고, MZ 세대는
의미와 성장, 그리고 일과 삶의 균형을 더 중시한다고들 말합니다. 세대별
로 추구하는 가치 또한 다를 수밖에 없다는 것입니다.

그러나 조금 더 깊이 들여다보면 이것은 단순한 세대 차이가 아니라,
사용하는 가치의 언어가 다른 것입니다. 어떤 사람은 목표 달성과 성과
를 강조하는 성취의 언어로 말합니다. 어떤 사람은 배움과 도전을 강조

하는 성장의 언어로 말합니다. 어떤 사람은 타인과 함께 의미를 만들고 보탬을 강조하는 기여의 언어로 말하고, 어떤 사람은 불안감을 느끼지 않고 일할 수 있음을 중시하는 안전의 언어로 말합니다.

문제는 이 네 가지 언어가 교차하면 같은 말에 대한 해석이 완전히 달라진다는 점입니다. 예를 들어 "성과를 내야 한다"라는 말을 들으면, 어떤 사람은 책임 있는 촉구로 받아들이고, 어떤 사람은 개인의 성장을 무시하는 압박으로 받아들입니다. 결국 문제는 세대 차이가 아니라 서로 다른 가치 언어를 번역하지 못하는 데서 비롯합니다.

이런 맥락에서 오늘날 조직이 직면한 다양성은 더욱 복잡해지고 있습니다. 단순히 세대 차이만이 아니라, 성별, 문화, 직무 경험, 정체성, 전문성까지 다채로워지고 있습니다. 글로벌화와 디지털 전환은 조직을 한층 더 다양한 배경의 사람들로 채워 놓았고, 이제는 이 다양성을 어떻게 다루느냐가 성과와 직결됩니다.

바로 이런 배경에서 다양성(Diversity), 형평성(Equity), 포용성(Inclusion)을 강조한 'DEI' 개념이 대두되었습니다. 다양성은 이미 현실입니다. 그러나 다양성만으로는 갈등을 줄이지 못할뿐더러 서로 다른 배경과 가치가 충돌하면서 불편함이 커지기도 합니다. 그래서 필요한 것이 형평성과 포용성입니다. 모든 구성원이 공평하게 발언하고 들을 수 있는 구조, 각기 다른 배경의 사람들이 안전하게 참여할 수 있는 환경이 마련될 때 다양성은 갈등의 씨앗이 아니라 창의성과 회복력의 자산이 됩니다.

실제로 많은 회의에서 이런 장면을 볼 수 있습니다. 여성 엔지니어나 주니어 구성원이 발언 기회를 얻지 못하거나, 의견을 충분히 검토받지 못하는 경우입니다. 겉으로는 다양한 사람이 모여 있는 것처럼 보이지만, 정작 대화 구조는 형평성과 포용성을 담보하지 못하는 것이지요. 이런 순간은 다양성이 존재하더라도, 포용적 대화가 뒷받침되지 않으면 학습과 성장이 일어나지 않는다는 사실을 보여 줍니다.

'서로 배우는 대화'는 바로 이런 상황을 바꾸는 장치가 됩니다. 서로 배우는 대화가 작동하면 첫째, 소외된 목소리가 드러납니다. 둘째, 서로 다른 가치 언어를 번역합니다. 셋째, 형평성과 포용성이 구체적으로 실현됩니다.

여기서 가장 중요한 것은 '우리 팀에 어떤 차이가 있는가?'를 따지는 것이 아닙니다. '우리 팀에 누구의 목소리가 빠져 있는가?'를 묻는 것입니다.

원격·하이브리드 시대의 대화

원격·하이브리드 근무가 확산하면서 우리의 대화는 양이 줄었다기보다 성격이 달라졌습니다. 회의와 메신저, 이메일에서 오가는 말들 대부분이 보고와 지시, 확인과 전달로 채워진 것입니다. 효율적이고 민첩해 보이지만, 우연히 나누던 잡담이나 소소한 대화에서 깨달음을 얻는다거나, 얻은 깨달음을 공유하는 순간들은 거의 사라졌습니다. 줌 회의가 끝나면 다들 "수고하셨습니다" 한마디를 남기고 바로 퇴장합니다. 복도에서 스쳐 가며 나누던 짧은 안부, 회의가 끝난 뒤 이어지던 잡담, 점심 자리에서 오가던 농담이 사라졌습니다. 겉으로는 불필요한 시간이 줄었지만, 사실은 그 안에서 신뢰와 배움이 자라던 작은 기회들이 사라진 것입니다.

사회학자 레이 올든버그(Ray Oldenburg)는 저서 『제3의 장소』에서 "사람들은 집과 직장 외에도, 우연히 만나 대화하고 관계를 맺는 제3의 장소에서 사회적 유대감을 키운다"라고 말했습니다. 그런데 원격·하이브리드 환경은 이 제3의 장소를 급격히 줄였습니다. 경영학자 로버트 서튼(Robert Sutton) 역시 하버드 비즈니스 리뷰에서 "작은 잡담은 팀의 심리적 안전과 몰입의 기반이 된다"라고 강조한 바 있습니다. 작은 대화가 사라질 때 팀은 효율적이지만 건조해지고 배움의 기회를 잃습니다.

문제는 결국 배움을 얻고 관계를 쌓는 순간이 줄었다는 것입니다. "이 일을 끝냈습니다"라는 말에는 정보는 들어 있지만, 그 일을 하며 느낀 어려움이나 배운 점은 드러나지 않습니다. "이번 주까지 해 주세요"라는 지시는 과제는 부여하지만, 어떻게 하면 더 잘할 수 있는지는 다루지 못합니다. 같은 일인데도 서로에게서 배울 기회는 사라지고, 관계는 얕아집니다.

서로 배우는 대화는 이 지점을 다시 회복하게 합니다. 단순히 잡담을 늘리자는 것이 아닙니다. 업무의 순간순간을 배움으로 확장하는 습관으로 만들자는 것입니다. 다음과 같이 배우는 대화로 말이죠.

	기존 대화	배우는 대화
보고 장면	"이렇게 끝냈습니다"	"이렇게 해 보니 이런 점이 어려웠는데, 혹시 다른 방법이 있을까요?"
지시 장면	"이번 주까지 처리해 주세요"	"이번 주까지 끝내려면 어떤 조건이 필요할까요?"
회의 장면	"오늘 안건은 이것으로 마칩니다"	"오늘 논의에서 우리가 새롭게 배운 점은 무엇입니까?"

배움과 연결의 장을 만드는 가장 좋은 방법은 서로 배우는 대화가 일어나는 공간과 습관을 의도적으로 만드는 것입니다. 그렇게 할 때 대화는 서로를 성장시키고 관계를 두텁게 하는 힘으로 되살아납니다.

지금까지 왜 서로 배우는 대화가 필요한지 살펴보았습니다. 서로 배우는 대화는 AI와 함께 일하는 현실, 가벼워진 조직 구조에서 더욱 절실해졌습니다. 그리고 서로 배우는 대화는 BANI 시대의 불안과 취약성 속에서 집단적 회복력의 토대가 되고, 복잡하고 다양해진 조직에서 서로의 언어를 번역하게 합니다. 즉, 서로 배우는 대화는 선택이 아니라 생존을 위한 필수 조건이 되었습니다. 그리고 우연히 배우는 순간이 사라진 만큼 의도적으로 설계해야 합니다. 그렇다면 이제 새로운 질문을 던질 차례입니다. 서로 배우는 대화란 무엇일까요? 그리고 언제 그것을 가능하게 할 수 있을까요?

2장

서로 배우는 대화를 위한 세 가지 점검 사항

대화가 멈추는 순간

리더들은 종종 이렇게 말합니다. "요즘 팀원들은 너무 예민해요", "조금만 자기랑 생각이 다르다 싶으면 바로 따지듯 말해요" 반대로 구성원들은 이렇게 이야기합니다. "리더는 우리 말을 들으려 하지 않아요", "말해 봤자 바뀌지 않아요"

언뜻 보면 이 팀은 서로 원하는 것을 이야기하는 팀처럼 보입니다. 서로의 생각을 표현하고 있으니까요. 하지만 조금만 들여다보면, 이 팀은 대화가 활발한 팀이라기보다 서로 다른 언어로 말하고 있는 팀입니다. 리더는 성과를 이야기하지만 구성원은 관계를 이야기하고, 각자의 말은 있지만 그 말의 방향이 맞닿지 않기 때문입니다.

많은 조직에서 '심리적 안전감(Psychological Safety)'이라는 단어를 사용합니다. 심리적 안전감은 하버드대 에이미 에드먼슨(Amy Edmondson) 교수가 처음 제시한 개념으로, 팀 내에서 불편한 의견이나 실수를 드러내더라도 비난받지 않고, 솔직하게 말할 수 있는 환경을 뜻합니다. 그러나 이 단어는 현장에서 '분위기가 좋은 팀', '감정적으로 편안한 상태'로 오해되고 있습니다.

리더는 "서로 솔직하게 말하자"라고 하지만, 정작 불편한 이야기가 나오면 당황합니다. 그래서 구성원은 '마음껏 말해도 된다'라는 말 뒤에 숨은 조건을 느낍니다. 또, 리더는 성과를 위한 피드백이라고 말하지만, 구성원은 통제와 비난으로 느낍니다. 반대로 구성원이 감정을 표현하면 리더는 불평과 불만으로 받아들이기도 합니다. 양쪽 모두 솔직하지만, 솔직함의 방향이 다른 것입니다. 말은 오가지만, 대화는 엇갈리는 것이죠. 이에 대해 에이미 에드먼슨 교수는 심리적 안전감이란 '편안함이 아니라 솔직함에 대한 허용'이라고 말했습니다.

팀의 현실적인 문제는 솔직하지 않은 것이 아니라, 솔직함이 서로 다른 목적을 향하고 있다는 것입니다. 리더는 팀의 성과를, 구성원은 자신의 고유성을 지키기 위해 말합니다. 말의 방향이 다르면, 대화는 많아도 학습은 일어나지 않습니다. 팀 안에서 대화가 멈추는 순간은 대체로 다음 세 가지 모습으로 드러납니다.

방향은 전달되지만, 해석이 확인되지 않는다

회의가 시작되자 리더가 방향을 설명합니다. "이번 분기엔 신규 고객 확보가 중요합니다"

리더는 충분히 명확하게 전달했다고 생각하지만, 팀원들은 각자 다른 맥락에서 받아들입니다. 누군가는 '그럼 고객관리의 우선순위가 변경되어야 한다는 뜻인가?'로, 누군가는 '인력은 그대로인데 신규 고객 확보를 위해 일을 더 늘리라는 건가?'로 받아들입니다. 리더는 자신의 말을 이해했을 거라 확신하지만, 팀원은 여전히 불확실합니다. 전달은 있었지만, 해석이 없는 경우입니다. 이런 팀의 대화는 시간이 지날수록 이렇게 바뀝니다.

"위에서 시키는 대로만 해요. 우리는 그냥 실행팀이에요"

아이디어는 존중되지만, 새로운 결정이 없다

회의에서 좋은 아이디어가 많이 나왔습니다. "이 보고서를 고객 관점으로 다시 써 보면 어떨까요?", "이 업무는 자동화하면 효율적일 것 같아요"라고 말이죠. 리더는 "좋아요. 좋은 의견이에요"라고 말합니다. 하지만 회의가 끝난 뒤에는 이렇게 이어집니다. "그럼 그 방향으로 다시 정리해서 안을 만들어 볼 수 있을까요? 자동화 가능성도 검토해서 다음 회의 때 공유해 주세요"

회의에서 채택된 것처럼 보였던 아이디어가 실제로는 방향이나 기준이 정해지지 않은 채 개인에게 추가 과제로 돌아온 경우입니다. 그러고는 이후 회의에서 시간이나 우선순위를 이유로 해당 아이디어는 무시되고 기존 방향으로 유지됩니다. 결과는 바뀐 게 없는데, 제안한 사람에게는 설명과 정리, 책임만 남습니다. 이런 경험이 반복되면 구성원은 이렇게 말합니다.

"괜히 말했다가 일만 늘어요"

이 말에는 단순한 불만이 아니라 학습된 판단이 담겨 있습니다. 의견을 내면 일이 바뀌는 것이 아니라, 검토와 설명의 부담이 개인에게 더해진다는 경험입니다. 말을 했으나 결정에는 반영되지 않는 상황이 반복되면 구성원은 점점 발언을 줄이게 됩니다. 이때 팀에서 줄어드는 것은 아이디어가 아니라, 이 팀에서 말해도 실제 변화로 이어질 것이라는 기대입니다.

같은 단어를 쓰지만, 판단 기준이 다르다

같은 목표를 이야기해도 리더와 구성원의 기준은 다릅니다. 리더는 성과를, 구성원은 공정이나 지속 가능성을 떠올립니다. 이렇게 관점은 다른데 같은 단어를 사용할 때, 의견은 늘고 합의는 만들어지지 않습니다. 회의가 길어지고 결론은 흐려집니다. '좋은 말은 많았는데 결과적으로 무엇을 하자는 거지?'라는 생각만 남습니다.

이 세 가지 상황이 반복되면 팀의 대화는 비슷한 결과로 귀결됩니다. 회의에서 많은 말이 오가지만 그 말이 무엇을 의미하는지, 어떤 기준으로 판단해야 하는지, 다음에 무엇을 바꿀 것인지는 정리되지 않습니다. 각자가 이해한 대로 회의장을 나올 뿐 그 차이를 확인하거나 조정하는 과정은 없습니다. 그래서 행동은 이전과 크게 달라지지 않습니다.

이런 팀에서는 대화 자체가 불편하지는 않습니다. 하지만 대화를 통해 판단이 바뀌거나, 일하는 방식이 달라졌다고 말하기는 어렵습니다. 핵심은 솔직하게 말했는지 또는 분위기가 좋았는지가 아니라, '그 대화가 팀의 기준과 선택에 어떤 영향을 주었는가'입니다. 서로 배우는 대화란 말을 더 많이 하자는 제안이 아니라, 팀 대화가 다음 결정과 행동에 실제로 영향을 미치고 있는지를 점검하는 일입니다.

'서로 배우는 대화'가 작동하기 위해서는 정서적 공감뿐 아니라, 의미를 해석하고 실행으로 이어지게 하는 작동 기반이 필요합니다. 이 기반이 튼튼할 때 팀은 솔직함의 방향성을 얻고 배우는 팀으로 진화합니다.

작동 기반을 점검하기 위한 세 가지 점검 사항과 질문은 다음과 같습니다. 한 가지씩 살펴보겠습니다.

	점검 사항	핵심 질문
1	팀의 Why	우리 팀이 같은 방향을 보고 있는가?
2	전략과 실행	전략이 한쪽의 지시가 아니라, 구성원들의 전략 해석과 합의로 실행되고 있는가?
3	일하는 방식	상호 피드백이 민첩하게 작동하고 있는가?

점검 사항 1. 팀의 Why

서로 배우는 대화가 작동하려면, 팀은 같은 방향을 바라봐야 합니다. 그러나 많은 팀이 '무엇을 해야 하는가'에는 익숙하지만, '왜 해야 하는가'에는 익숙하지 않은 것이 현실입니다. 조직은 전략과 목표를 제시하지만, 그것이 팀의 일상 혹은 일의 의미와 어떻게 연결되는지를 이야기하는 시간은 거의 없습니다.

여기서 리더의 역할은 전략과 목표가 팀의 일과 어떻게 연결되는지, 어떤 의미가 있는지를 탐색하도록 문을 여는 것입니다. 조직이 '무엇을 할 것인가'를 제시했다면, 리더는 그 일이 '우리 팀에게 왜 중요한가'를 묻는 출발점을 만들어야 합니다. 리더의 질문은 방향을 지시하기 위한 것이 아니라, 팀 스스로 이유를 발견할 수 있는 대화의 장을 여는 것입니다.

리더가 팀의 Why를 고민해야 하는 이유는 정답을 도출하기 위해서가 아니라 팀이 함께 일하는 의미를 찾게 하기 위함입니다. 리더가 "이 일은 우리에게 어떤 의미가 있을까?"라는 질문을 던지면, 팀은 "그렇다면 우리는 어떤 방식으로 기여할까?"라는 질문으로 응답하며 탐색을 시작합니다. 이 과정이 반복될수록 팀의 언어가 쌓이고, 쌓인 언어가 '우리의 Why'로 다듬어집니다.

Why의 문장은 리더 혼자 완성할 수 없습니다. 팀의 Why는 리더의 해석이 팀의 언어로 공유되고, 리더가 열린 질문으로 함께 탐색할 때 비로소 만들어집니다. 그렇지 않으면 구성원은 늘 '리더의 Why' 안에서 일할 뿐 일의 의미를 깨닫지 못합니다.

팀의 Why를 만드는 과정은 신설 팀에게 특히 중요합니다. 조직이 새로 생기면 목표는 정해져 있지만, 그 목표에 담긴 의미나 목적은 아직 공유되지 않은 상태입니다. 이때 리더가 "우리 팀은 왜 존재하는가?", "우리가 하는 일이 조직의 어떤 변화를 만들어내는가?"를 묻는다면, 팀은 단순한 실행 조직이 아니라 의미를 만들어가는 공동체로 변합니다.

Why의 구성요소

팀의 Why는 하나의 문장이 아니라, 의미(Meaning), 목적(Purpose),

목표(Goal), 동기(Motivation), 의도(Intent) 다섯 가지 요소가 맞물려 돌아가는 구조로 이루어져 있습니다. 이 다섯 가지 요소가 함께 작동할 때 팀은 방향과 납득, 실행과 지속성을 갖추게 됩니다.

① 의미: 회복탄력성을 만든다

의미는 지금 우리가 하는 일이 어떤 맥락 속에 있고, 어떤 가치를 지니는지를 이해하는 것입니다. 모든 일에는 기능적 가치(성과), 정서적 가치(감정), 사회적 가치(기여)가 함께 얽혀 있습니다. 이 셋이 단절되거나 충돌할 때 팀의 에너지는 쉽게 소진되고, 일의 피로가 감정적 피로로 번집니다. 그러나 다음과 같은 질문을 던지면 일은 단순한 수행이 아닌, 납득의 구조로 바뀝니다. 의미는 팀이 흔들릴 때 다시 중심으로 돌아오게 하는 회복탄력성의 원천입니다.

- 이 일은 우리 팀에게 어떤 의미가 있는가?
- 이 의미에 우리가 공감하는 것은 무엇인가?
- 이 일은 고객과 조직, 사회에 어떤 가치를 만드는가?

② 목적: 방향을 설정하고 집중하게 한다

목적은 우리 팀이 만들고 싶은 세상의 모습을 그려 보고, 그 안에서의 역할을 설정하는 것입니다. 이는 단순한 비전이 아니라 '우리가 왜 존재하는가'에 대한 집단적 이해입니다. 목적은 일의 우선순위를 정하고 불필요한 소음에서 팀을 분리해 주는 집중의 힘입니다. 목적이 분명할 때 팀은 외부의 변화 속에서도 방향성을 잃지 않고 중심을 유지합니다.

· 우리 팀은 세상에 어떤 변화를 만들고 싶은가?
· 그 변화를 위해 우리는 어떤 방식으로 기여할 것인가?

③ 목표: 실행의 우선순위를 정렬한다

목표는 일의 목적이 현실화되었을 때 가장 먼저 달라져 있을 모습을 상상하는 것입니다. 숫자나 지표는 수단일 뿐, 핵심은 그 목표가 어떤 변화를 끌어내느냐입니다. 목표는 팀이 가야 할 방향이 맞는지, 실행이 목적과 정렬(alignment)되어 있는지를 확인하게 합니다. 즉, 목표는 성과의 측정치가 아니라 집중과 실행의 리듬을 조율하는 도구입니다.

· 우리가 그 목표를 달성했을 때, 고객이나 동료는 어떤 변화를 맞이할 것인가?
· 그 변화는 어떻게 확인할 수 있는가?

④ 동기: 감정적 에너지를 일로 전환한다

동기는 팀을 지속시키는 정서적 에너지입니다. 팀은 성과만으로 유지되지 않습니다. 성취감, 기여감, 성장감, 안전감 같은 내적 동기가 연결되어야 합니다.

리더가 팀의 동기를 자각하고 구성원의 감정과 연결할 때, 팀은 버티는 조직이 아니라 정서적 에너지를 일로 전환시키는 '살아 있는 공동체'

가 됩니다. 동기는 몰입과 열정의 근육이자, 팀이 다시 움직이게 하는 심리적 추진력입니다.

- · 우리 팀이 이 일을 계속하게 만드는 힘은 무엇인가?
- · 각 구성원은 어떤 감정에서 에너지를 얻고 있는가?

⑤ 의도: 옳은 행동을 선택하게 한다

의도는 우리의 선택과 행동을 결정짓는 기준이자, 방향과 행동을 일치시키는 윤리적 나침반입니다. 좋은 의도는 의미와 목적에 뿌리를 두고 실행을 통해 드러납니다. 의도가 분명할수록 매일매일 해야 하는 실행이 흔들림 없이 유지됩니다. 즉, 의도는 옳은 행동을 반복하게 하는 일의 양심입니다.

- · 오늘 우리가 하는 선택은 어떤 목적을 향하고 있는가?
- · 그 행동은 우리가 바라는 팀의 방향과 일치하는가?

팀의 Why는 구조이자 대화의 언어

팀의 Why를 정의하는 문장은 단기간에 완성되지 않습니다. 그리고 중요한 것은 의미, 목적, 목표, 동기, 의도 다섯 가지 질문을 함께 묻고, 해석하고, 필요한 순간마다 꺼내 쓸 수 있는 상태를 유지하는 것입니다. 팀의 Why는 철학이 아니라 일의 언어이고, 설득이 아니라 납득의 대화 구조이기 때문입니다. 또한, 리더는 Why를 공동의 해석 과정으로 열어

두어야 합니다. 리더의 확신이 팀의 언어로 번역되지 않으면 구성원들에게 배움이 일어나지 않습니다. 불완전한 Why도 팀이 함께 탐색하고 말로 나눌 때 모두의 Why로 진화합니다.

결국, 팀의 Why는 전략과 감정, 실행을 연결하는 대화의 언어입니다. 리더가 Why를 붙잡는 이유는 방향을 제시하기 위해서가 아니라, 팀이 그 Why를 함께 납득하도록 돕기 위함입니다. 서로 배우는 대화는 바로 이 '함께 납득하는 과정'에서 시작됩니다.

점검 사항 2. 전략과 실행

전략은 위에서 시작되고, 실행은 아래에서 일어납니다. 그리고 많은 조직이 서로의 언어를 이해하지 못한 채 평행선을 걷습니다.

매년 새로운 전략이 발표됩니다. 그러나 그 언어는 대체로 추상적이고 거시적입니다. '디지털 전환', '고객 중심 혁신', '지속 가능한 성장'과 같은 표현입니다. 방향은 알려 주지만, 팀의 일상에는 와닿지 않습니다. 그래서 전략 발표 이후 회의가 끝나고 나면 "좋은 얘기 같긴 한데, 우리한테 뭘 하라는 거지?"라는 말이 나오고는 합니다.

이것은 전달의 문제가 아니라 해석의 문제입니다. 전략은 이해되는 순간이 아니라, 함께 해석되는 과정 안에서만 살아납니다. 즉, 전략은 위에서 주어지는 명령이 아니라, 팀이 배움을 통해 자기 언어로 번역하고 새롭게 만들어가는 것입니다.

전략 해석의 다섯 단계

전략 해석은 '전략적 이해력, 조직 맥락 인식, 현장 재해석, 실행 가능성 판단, 소통 능력'이라는 다섯 단계로 이루어집니다. 다음 사례를 통해 전략 해석의 단계별 방법을 살펴보겠습니다.

한 제조기업 품질관리팀이 본사에서 '지속 가능성'이라는 전략 키워드를 전달받았습니다. 순간 회의실의 공기가 무거워졌습니다. "우리한테 뭘 하라는 걸까요?", "지속 가능성이 품질 관리랑 무슨 상관이죠?"라는 물음이 이어졌습니다. 전략은 존재하는데 팀의 언어로 번역되지 않은 것입니다.

이에 팀장은 "지속 가능성이 우리 일과 어떤 관계가 있을까?"라는 질문으로 회의를 시작했습니다. 그리고 이 질문은 단순한 확인이 아니라, 함께 배우는 팀을 만드는 신호탄이 되었습니다. 팀원들이 지속 가능성이라는 전략을 팀의 일상 속에서 새롭게 해석하고, 의미를 재구성하기 시작한 것입니다.

① 전략적 이해력

'왜 지금이고, 무엇을 해결하고자 하는가'를 위한 질문입니다. 조직의 전략 키워드에는 문제의식과 핵심 가치가 숨어 있습니다.

팀장의 질문

· 이 전략을 통해 조직이 해결하고자 하는 문제는 무엇인가?
· 이 전략은 조직이 중요하게 여기는 가치와 어떻게 연결되는가?

· 환경 규제가 강화되고 있고, 불량률을 줄이면 폐기물도 줄 것이다.

· 자원 절감은 비용 절감과도 연결된다.

② 조직 맥락 인식

'누구와 연결되는가'에 대한 질문입니다. 전략은 한 부서의 목표가 아니라 조직 전체의 관계망 속에서 작동한다는 것을 배웁니다.

· 이 전략이 지금 중요한 이유는 무엇인가?

· 이 전략은 다른 팀과 어떻게 연결되는가?

· 이 전략이 고객과 사회에 어떤 의미가 있는가?

· 생산 부서와 바로 연결된다. 우리가 잡지 못한 불량이 생산성에 영향을 준다.

· 불량률이 줄면 고객의 신뢰는 물론, 브랜드 신뢰도까지 높일 수 있다.

③ 현장 재해석

'우리 일로 바꾸면 무엇이 되는가'에 대한 질문입니다. 전략 실행은 협업의 조정이며, 가치 충돌을 조율하는 학습이라는 것을 배웁니다.

· 이 전략이 우리 팀의 과제로 오면 어떤 일이 되는가?
· 우리 팀이 해야 할 일로 바꾸면 무엇이 우선인가?
· 실행 과정에서 조직의 가치와 충돌하는 부분은 없는가?

· 최근 3개월 내 불량 원인 TOP 3를 분석해서 재발 방지 대책을 세워
  야 한다.
· 검사 기준을 강화하면 생산 부서와 갈등이 생길 수도 있다.

④ 실행 가능성 판단

'무엇이 필요하고 가능한가'에 대한 질문입니다. 실행력은 자원보다
태도와 일의 방식에서 나온다는 것을 배웁니다.

· 이 전략을 실행하려면 무엇이 필요한가?
· 실행을 방해하는 요소는 무엇인가?
· 실행의 어떤 방식과 태도가 '우리답다'라고 할 수 있는가?

· 데이터 분석 역량이 필요하다.
· 인력이 부족해도 '품질 기준은 양보하지 않는다'라는 태도는 지켜야

한다.

⑤ 소통 능력

'어떻게 모두의 일로 만들 것인가'에 대한 질문입니다. 전략은 문서가 아니라, 합의된 실행의 언어일 때 움직인다는 것을 배웁니다.

팀장의 질문

· 나는 이 전략을 우리 팀에 어떻게 설명할 수 있는가?
· 팀 구성원들이 자기 일로 느낄 수 있도록 말하고 있는가?
· 어떤 가치 기준과 우선순위에 따라 의사결정을 할 것인가?

구성원들의 답

· 불량률 1% 개선이 곧 지속 가능성 전략의 실행이다.
· 작은 개선들이 자원을 절감한다는 것을 강조하면 공감할 수 있다.

회의가 끝날 때쯤 이 팀은 "우리는 불량률 1% 개선과 자원 절감을 통해 지속 가능성을 실현한다. 그리고 그 과정에서 품질 기준은 절대로 낮추지 않는다"라는 문장에 합의했습니다. 이날 회의의 핵심은 정답을 맞히는 게 아니라, 서로의 해석을 조율하는 것이었습니다. 이제 전략은 팀이 함께 만들어낸 학습의 언어로 전환되었습니다.

많은 조직이 전략 해석을 분석적 활동(analysis)으로 이해합니다. 그러나 전략 해석은 데이터를 분석해 나열하는 게 아니라, 의미의 해석과 창조 과정으로 보는 게 타당합니다. 피터 드러커(Peter Drucker)도 전략에 대해 "전략은 논리가 아니라 인식의 전환이다"라고 말했습니다.

즉, 전략 해석이란 사실을 해석하는 관점을 만드는 일이자, 변화의 패턴을 읽고 새로운 언어로 재구성하는 일입니다. 팀이 세상을 새롭게 해석해가는 '대화의 결과'입니다. 이러한 대화가 일터에서 끊임없이 반복될 때 전략은 문서가 아닌 학습의 언어가 됩니다.

정렬을 넘어 공진화로

많은 조직이 전략과 개인의 일을 정렬시키려고 합니다. 정렬은 필요합니다. 하지만 정렬은 '방향의 일치'에 머물 뿐, 그 방향이 시간이 지나도 유효한지 또는 새로운 세상에서도 여전히 타당한지는 묻지 않습니다.

공진화(co-evolution)는 여기서 출발합니다. 공진화는 전략과 사람이 서로의 변화를 인식하며 함께 배우는 과정입니다. 리더가 방향을 제시하고, 팀이 그 의미를 해석하고, 구성원이 실행 속에서 새로운 통찰을 발견하는 순환이 바로 공진화입니다. 정렬이 위에서 맞춘 목표라면, 공진화는 아래에서 함께 다시 쓰는 전략입니다. 전략은 고정된 계획이 아니라 팀이 실행을 통해 배우며 재구성하는 살아 있는 대화의 언어입니다.

전략 해석의 다섯 단계

단계	핵심 질문	배우는 대화의 행위
전략적 이해력	왜 지금이고, 무엇을 해결하고자 하는가?	문제의식과 핵심 가치
조직 맥락 인식	누구와 연결되는가?	조직과 사회의 관계망
현장 재해석	우리 일로 바꾸면 무엇이 되는가?	협업 조정과 가치 충돌 관리
실행 가능성 판단	무엇이 필요하고 가능한가?	태도와 일의 방식
소통 능력	어떻게 모두의 일로 만들 것인가?	합의된 실행의 언어

문제는 해석된 전략이 실행되지 않는 것입니다. 실행은 곧잘 분산됩니다. 전략이 실행으로 이어지려면 위에서의 계획이 아니라, 아래에서의 학습이 필요합니다. 그리고 그 사이를 잇는 것이 '질문'입니다. 질문을 통해 전략을 풀어낼 때 실행 가능한 합의가 도출되고, 배움이 일어납니다.

물론, 조직에서 전략과 실행의 간극은 여전합니다. 회의를 통해 '무엇'을 해야 하는지는 정리했지만, 실제 일의 흐름에서 '어떻게 해야 하는지'가 사라졌기 때문입니다. 이는 실행력이 부족해서가 아닙니다. 일이 순환하는 구조가 끊겨 있기 때문입니다.

서로 배우는 대화가 지속되려면 팀의 일하는 방식이 '관찰, 방향, 판단, 실행'이라는 루프로 끊임없이 순환해야 합니다. 이 루프가 작동해야 전략이 재해석되며 공진화됩니다. 전략은 말로 완성되지 않습니다. 전략이 실행으로, 실행이 다시 전략의 통찰로 순환할 때 팀은 스스로 배우는 팀으로 성장할 수 있습니다.

점검 사항 3. 일하는 방식

이제 필요한 것은 전략을 실제 일하는 방식으로 연결하는 구조입니다. 그리고 여기서는 그 구조를 설명하기 위해 '관찰-방향-판단-실행'의 순환을 설명한 존 보이드(John Boyd)의 '우다 루프(OODA Loop)'를 사용합니다.

속도에 대한 오해

우리는 종종 '빠르게 결정하는 팀'을 유능하다고 여깁니다. 그 믿음에는 이유가 있습니다. 산업화 시대의 효율성 논리에서 속도는 곧 경쟁력이었습니다. 위계적 조직에서는 결정이 빠른 사람이 판단력과 리더십을 가진 사람으로 여겨졌습니다. 게다가 디지털 전환 이후 그 믿음은 더 강화되었습니다. 실시간 정보가 넘쳐나며 '정보가 빠르니 결정도 빨라야 한다'라고 생각한 것이지요. 그러나 오늘날의 복잡한 환경에서는 그렇지 않습니다. 빠른 결정이 곧 현명한 결정은 아니며, 속도의 효율이 학습의 깊이를 보장하지도 않습니다. 이제 중요한 질문은 '얼마나 빨리 결정하는가?'가 아니라, '어떤 방식으로 상황을 이해하고 판단하는가?'입니다.

단순히 지시에 빠르게 반응하는 팀이 아니라, 관찰하고, 해석하고, 합의하고, 실험하는 팀이어야 합니다. 이 지점에서 우리는 속도를 다시 정의할 필요가 있습니다.

속도를 다시 정의한 두 전략가

극단적인 상황에서 이 질문을 다룬 사람이 있습니다. 바로 전쟁의 복잡성을 통찰한 '아이젠하워(Dwight D. Eisenhower)'와 공중전의 사고 구조를 해석한 '존 보이드'입니다.

아이젠하워는 제2차 세계대전 당시 노르망디 상륙 작전을 지휘하며 계획은 언제든 무너질 수 있다는 것을 경험했습니다. 그러고는 1957년, 전쟁 후 "계획은 무용지물이 될 수 있다. 하지만 계획하는 과정은 모든 것이다"라고 회고했습니다. 수많은 변수가 얽힌 상황에서 계획은 언제든 무너질 수 있지만, 계획하는 과정에서의 학습과 조정 능력은 사라지지 않는다는 것입니다. 오늘날의 일터 역시 다르지 않습니다. 계획은 수시로 바뀌고, 예측은 점점 어려워졌습니다. 이제 중요한 것은 완벽한 계획이 아니라, 상황이 바뀌어도 다시 방향을 세울 수 있는 능력입니다.

전투기 조종사였던 존 보이드는 또 다른 통찰에 도달한 전략가였습니다. 그는 전투에서 이기는 것은 속도나 화력이 아니라, 상황을 더 빨리 이해하고 재구성하는 능력이라는 사실을 실전 경험을 통해 깨달았습니다. 이를 설명하기 위해 그가 제시한 사고 모델이 바로 '우다 루프'입니다.

우다 루프가 말하는 '빠름'의 의미

보이드가 말한 빠름은 판단의 기계적 속도나 실행의 조급함이 아닙니다. 그가 강조한 것은 배움의 속도, 즉 상황과 전략을 재해석하는 '민첩성'이었습니다. 그는 전투의 본질을 누가 더 빨리 움직이느냐의 경쟁이 아니라, '상대가 더는 상황을 제대로 해석할 수 없게 만드는 과정'으로 보았습니다. 다시 말해, 싸움의 핵심은 실행의 속도가 아니라 판단 구조의 붕괴와 재구성에 있습니다.

이를 팀의 일하는 방식으로 옮기면, 우다 루프가 작동한다는 것은 더 많은 결정을 더 빨리 내린다는 뜻이 아닙니다. 오히려 그동안 당연하다고 여겨 왔던 기준과 가정이 더는 유효하지 않다는 사실을 인식하고, 그 판단 구조를 다시 세우는 과정에 가깝습니다.

이 지점에서 우다 루프는 종종 애자일(Agile)이나 린(Lean)과 비교되고는 합니다. 세 방법론 모두 빠른 실행과 반복 학습을 강조하지만, 출발점은 분명히 다릅니다. 애자일과 린이 주로 다루는 질문은 '무엇을 할 것인가?'와 '어떻게 더 빨리 개선할 것인가?'입니다. 즉, 실행을 전제로 한 질문입니다. 그러나 우다 루프는 그보다 한 단계 앞을 묻습니다. '우리는 지금 어떤 전제와 해석 위에서 이 상황을 보고 있는가?'입니다.

우다 루프의 핵심이 '방향'인 이유도 여기에 있습니다. 보이드는 실행 이전에, 사람과 팀이 세상을 해석하는 기준 자체가 어긋나 있으면 아무리 빨리 실행해도 엇나갈 수밖에 없다고 보았습니다. 애자일이 실행의 속도를 높이는 데 강점이 있다면, 우다 루프는 인식의 속도를 다루는 모델입니다. 누가 더 빨리 결정하느냐의 문제가 아니라, 누가 환경을 더 빨리 재해석하느냐의 문제입니다. 해석이 고정된 팀에서는 스프린트가 반복되어도 같은 선택이 되풀이되고, 그 결과 학습은 멈춥니다.

민첩한 실행을 위한 우다 루프

서로 배우는 대화가 멈추는 지점 대부분은 실행 단계가 아니라 해석 단계입니다. 같은 말을 쓰는데 서로 다른 전제와 기준 위에서 말하고 있어 대화가 실행으로 이어지지 않는 것이죠. 이에 우다 루프는 팀이 같은 상황에 놓여 있으나 서로 다른 전제와 경험 위에서 말하고 있다는 사실을 드러내고, 그 차이를 확인해 다음을 선택하게 하는 구조적 틀이 되어줍니다. 즉, 우다 루프는 전략이 실행으로, 실행이 학습으로 이어지는 순환 구조입니다. 우다 루프는 '관찰-방향-판단-실행'이라는 네 단계로 이루어져 있으며, 선형이 아니라 맞물려 돌아가는 방식으로 작동합니다.

우다 루프

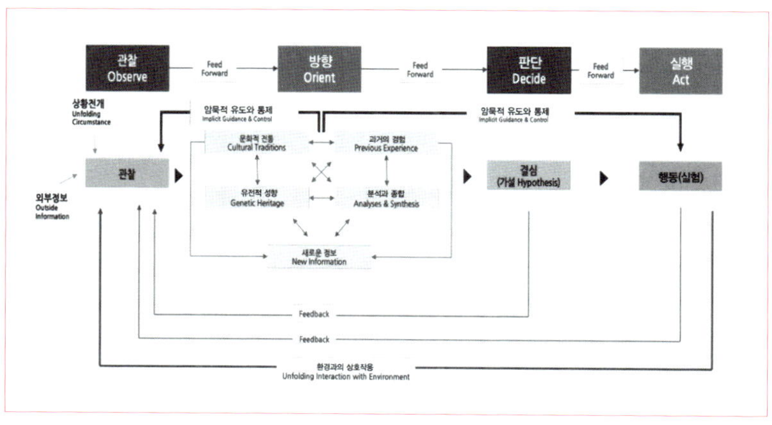

보이드는 이 루프가 순환하면 복잡한 환경 속에서도 조직이 정신적 민첩성과 학습의 리듬을 유지할 수 있다고 말했습니다. 결국 유능한 팀이란 더 빠르게 움직이는 팀이 아니라 '더 빠르게 배우며 방향을 다시

설정하는 팀'입니다. 서로 배우는 대화는 바로 이 루프 위에서 작동합니다. 관찰에서 시작해 방향을 함께 해석하고, 판단으로 합의하고, 실행에서 다시 배우는 순환이야말로 학습이 일어나는 일의 구조, 즉 '서로 배우는 대화'가 일하는 방식이 되는 순간입니다.

우다 루프 단계별 배우는 대화

단계	핵심 질문	배우는 대화의 행위
관찰 (Observe)	지금 무슨 일이 일어나고 있는가?	관찰보다 '보기'를 우선합니다. 관찰은 정보를 모으는 것이 아니라, 시선을 맞추는 행위입니다. 서로 다른 관점을 나누며 현실을 함께 본다는 점에서 관찰은 대화의 출발점이 됩니다.
방향 (Orient)	이 현상은 무엇을 의미하는가?	관찰된 사실을 각자의 경험과 맥락, 암묵지를 통해 해석합니다. 이 단계는 배우는 대화의 핵심입니다. 피드백(과거의 학습)과 피드포워드(앞으로의 가능성)를 함께 다루며, 서로의 관점을 교환합니다.
판단 (Decide)	무엇을 시도해 볼 것인가?	학습을 위한 가설을 설정하는 일입니다. 완벽함보다 시도를 선택합니다. "이 방향으로 한번 가보자"라는 합의가 실행의 출발입니다.
실행 (Act)	어떻게 실행하고, 무엇을 배울 것인가?	행동은 결과가 아니라 학습의 실험입니다. 시도 후 반드시 '무엇을 배웠는가'로 돌아와야 루프가 닫힙니다. 실행 없는 대화는 공허하고, 대화 없는 실행은 반복이 됩니다.

보이드는 우다 루프에서 '방향'을 핵심으로 봤습니다. 방향이 세상을 해석하는 인지적 공간이자, 모든 판단과 행동의 기반이 되는 영역이기 때문입니다. 우다 루프의 두 번째 단계인 방향 설정에 관여하는 요소는 다음과 같습니다.

- 문화적 전통: 우리가 속한 조직이 일상적으로 중시하는 기준
- 유전적 성향: 팀의 성향(위험을 회피하는가, 시도하는가)
- 과거의 경험: 성공과 실패로 학습된 패턴
- 새로운 정보: 환경에서 들어오는 데이터와 신호
- 분석과 종합: 위의 요소를 통합해 의미를 만드는 과정

결국 우리의 판단과 실행은 이 다섯 가지 요소가 교차하며 무의식적으로 흐릅니다. 그리고 보이드는 이 무의식적인 흐름을 '암묵적 유도와 통제(Implicit Guidance & Control)'라고 불렀습니다. 우리가 보고 듣는 것은 같아도, 이 내부 구조의 차이로 인해 팀의 해석과 결정은 달라집니다.

우다 루프의 보이지 않는 작용 요소

우다 루프는 '관찰-방향-판단-실행'으로 구성되어 있지만, 그 사이에는 눈에 보이지 않는 요소들이 작용합니다. 바로 '암묵적 유도와 통제(말

하지 않아도 작동하는 판단의 기준)’, ‘환경과의 상호작용(객관적 사실이 아니라 인식된 현실을 다루는 과정)’, ‘피드백과 피드포워드(루프의 안정도를 유지하는 학습장치)’, ‘자기-조정(루프를 계속 돌게 하는 태도)’입니다.

이 보이지 않는 요소를 의식적으로 관리하지 않으면 팀의 성장을 위한 대화는 단절되고 실행은 반복됩니다. 아래의 사례는 이 주기가 어디서 멈추는지, 그리고 어떻게 다시 움직이는지를 보여 줍니다.

① 암묵적 유도와 통제

R&D팀은 매주 신제품 아이디어 회의를 진행합니다. 리더는 아이디어를 자유롭게 제안하라고 말하지만, 새로운 아이디어를 제시할 때마다 “좋긴 한데, 일정 안에 가능할까?”라는 질문을 덧붙입니다. 그러자 몇 주 뒤 팀의 행동이 바뀌었습니다. 회의 전부터 ‘리더가 싫어할 만한 안은 빼자’라는 암묵적 신호가 생긴 것입니다.

이것이 바로 ‘암묵적 유도와 통제’입니다. 리더가 명시적으로 통제하지 않았는데도 팀은 이미 무엇이 안전한 선택인지를 학습했습니다. 이 작용은 주로 방향 설정에 관여하는 요소 중 ‘문화적 전통, 과거 경험, 유전적 성향’에 의해 강화됩니다. 팀의 안전 기준이 높을수록 새로운 정보의 영향력이 약해집니다. 결국 일하는 방식의 루프가 멈추고 학습의 주기가 끊깁니다.

리더가 이 주기를 회복시키기 위해 해야 할 일은 단순합니다. 아이디어를 요구할 때 질문 순서를 바꾸는 것입니다.

· 아이디어를 어떻게 실험하고 싶은가?

· 실험에 대한 가설과 예상되는 결과는 무엇인가?

· 실험 일정과 예상되는 리스크는 무엇인가?

질문의 순서가 사고의 순서를 결정합니다. 순서를 재설계하는 순간, 팀은 통제를 위한 대화에서 학습을 위한 대화로 이동합니다.

② 환경과의 상호작용

제조현장에서 불량률이 급증했습니다. 품질팀은 자재 문제라고 하고 생산팀은 공정 관리의 허점을 지적합니다. 같은 데이터를 놓고 두 팀의 해석이 다릅니다. 이때 두 팀이 함께 현장에 섰습니다. 자재의 강도 편차, 우천 시 습도 변화, 기계 진동 데이터 등 새로운 정보를 직접 관찰했습니다. 그제야 원인이 명확하게 보입니다. 공정이 아니라 습도에 따른 자재 반응 때문이었습니다.

보이드는 이를 '환경과 함께 전개되는 상호작용(Unfolding Interaction with Environment)'이라고 불렀습니다. 이 개념에서 중요한 점은 환경이 고정된 대상이 아니라는 것입니다. 상황은 분석을 통해 완전히 이해되는 것이 아니라, 우리가 어떤 행동을 하느냐에 따라 다음 모습이 드러나는 것입니다. 즉, 관찰은 정보를 더 많이 모으는 일이 아니라, 실행을 통해 상황이 어떻게 반응하는지를 확인하는 과정입니다.

팀 대화에서도 마찬가지입니다. 말로 합의하는 것만으로는 상황을 바꿀 수 없습니다. 작은 실행이 있어야 다시 팀의 판단을 수정할 새로운 단서가 만들어집니다. 서로 배우는 대화는 이 실행과 해석의 순환을 끊기지 않게 하는 역할을 합니다.

③ 피드백과 피드포워드

영업팀의 월간 회의는 늘 "목표 달성률은 85%입니다", "이번 달엔 고객 반응이 좋지 않았습니다"라는 식의 결과 보고로 끝났습니다. 물론 아무런 변화는 일어나지 않았습니다. 이에 팀장은 방식을 바꾸어 "이번 주에 예상과 달랐던 점 세 가지를 말해 봅시다", "바꿔 볼 만한 행동 한 가지만 정합시다"라고 제안했습니다. 그 결과 회의는 20분으로 줄었고 그 안에 학습의 주기가 생겼습니다.

피드백은 과거를 해석하는 이해의 과정이고 피드포워드는 다음 실험을 준비하는 조정의 과정이 됩니다. 두 과정이 연결될 때 루프는 멈추지 않고 계속 돌아갑니다.

우다 루프에서 피드백과 피드포워드는 루프의 연속성과 적응성을 조정하는 메커니즘입니다. 피드백은 과거의 결과를 현재의 판단에 반영하는 조정 신호이고, 피드포워드는 미래 행동을 예측해 사전에 대비하는 예방 신호입니다. 두 신호가 함께 작동할 때 루프는 흔들림 없이 돌아가고, 동시에 환경 변화에 적응합니다. 결국 피드백과 피드포워드는 하나의 실행을 학습으로 전환하고, 그 학습을 다음 시도로 연결하는 장치입니다. 그 결과 팀은 안정된 순환 구조를 유지하면서도 환경 변화에 맞춰 스스로 방향을 조정합니다. 학습이 계속 이어지므로 같은 실패를 반복하지 않습니다.

④ 자기-조정

사내 교육 프로그램의 참여율이 떨어지자 HRD 팀이 '직원들이 학습 의지가 낮다'라고 판단했습니다. 하지만 HRD 팀은 스스로 다음과 같은 질문을 던졌습니다. "우리의 가정은 언제 만들어졌는가?"

생각해 보니 대면 중심의 강의형 교육이 높은 만족도를 냈던 시절의 기준을 그대로 쓰고 있었습니다. 환경은 바뀌었는데, 가정은 바뀌지 않았던 것입니다. 그래서 HRD 팀은 프로그램을 소그룹 코칭 형태로 재설계했고 결과적으로 직원들의 참여율을 1.5배 높였습니다.

이처럼 자기-조정은 틀림을 인정하는 것이 아니라, 가정이 더는 작동하지 않는 시점을 인식하는 능력입니다. 보이드는 학습을 '자기-조정'이라고 불렀습니다. 루프를 돌리는 것은 리더의 지시가 아니라 팀의 태도입니다. 자기-조정이란 틀렸을 가능성을 인정하는 습관입니다. 리더든 구성원이든 자신의 판단이 완벽하다는 전제를 내려놓을 때 루프는 계속 순환합니다.

우다 루프는 단순한 의사결정 모델이 아닙니다. 팀이 관찰-방향-판단-실행을 반복하며 배우고 갱신하는 학습의 주기 설계 방법입니다.

루프는 스스로 돌아가지 않습니다. 리더가 '학습 주기'를 설계하고, 대화가 그 주기를 유지할 수 있도록 피드백과 피드포워드를 연결해야 합니다. 이때의 전략은 실행으로, 실행은 다시 학습으로 이어집니다. 결국, 팀의 민첩성은 결정의 속도가 아니라 학습이 순환하는 속도에서 나옵니다. 그 속도를 높이는 열쇠는 바로 팀 안에서 주기를 의식적으로 설계하고 관리하는 대화입니다.

팀 상황에 따른 점검의 초점

지금까지 살펴본 세 가지 점검 사항(팀의 Why, 전략과 실행, 일하는 방식)은 회의 운영법이나 대화 기법을 제시하기 위한 것이 아닙니다. 모든 팀에 동일하게 적용되지도 않습니다. 모든 팀에 공통적으로 적용되지만, 팀이 처한 상황에 따라 무엇을 더 자주 점검해야 하는지는 다릅니다.

이 관점을 정리하는 데에 아사노 고지의 『더 팀』을 참고했습니다. 아사노 고지는 성과를 내는 팀을 '외부 환경 변화의 정도'와 '협력 정도'라는 두 축으로 구분하여 팀마다 효과적인 커뮤니케이션의 초점이 다르다는 점을 강조합니다. 제가 주목한 점은 소통이 많을수록 좋은 팀이라는 일반론을 경계하고, 팀이 '어떤 환경에서 어떤 방식으로 일하고 있는가'에 따라 대화의 역할이 달라진다고 본 점입니다. 저는 이 틀을 그대로 적용하기보다 앞서 살펴본 세 가지 점검 사항이 팀의 조건에 따라 어떻게 다르게 강조되어야 하는지를 정리하고자 합니다.

외부 환경 변화의 영향이 큰 팀과 작은 팀

외부 환경 변화의 영향이 큰 팀은 시장, 고객, 제도, 기술 변화에 따라 판단 기준이 자주 수정됩니다. 신상품 기획 조직, 스타트업 서비스팀, 보험·금융 영업 조직처럼 고객 반응과 제도 변화에 민감한 팀이 여기에 해당합니다. 이런 팀에서는 한 번 정한 전략이나 방식이 오래 유지되지 않는 편입니다. 그러므로 서로 배우는 대화의 초점은 결론을 빨리 내리는 것이 아니라, '무엇이 달라졌는가?', '우리가 세웠던 가정 중 무엇이 더는 유효하지 않은가?'를 자주 확인하는 것에 있습니다. 따라서 세 가지 점검 사항 중에서도 일하는 방식, 즉 관찰-실험-피드백의 루프를 얼마나 자주 돌리고 있는지가 핵심 점검 대상이 됩니다.

외부 환경 변화의 영향이 상대적으로 작은 팀도 있습니다. 내부 운영, 정산, 인프라 관리, 표준화된 제조 공정처럼 비교적 안정적인 조건에서 일하는 팀입니다. 이런 팀에서는 잦은 실험보다 판단 기준의 일관성이 더 중요합니다. 이 경우 서로 배우는 대화는 새로운 시도를 늘리는 것이 아니라, 기존 방식이 여전히 타당한 이유를 함께 확인하고 기준이 유지되고 있는지를 살피는 것이 핵심 점검 대상이 됩니다.

업무 상호 의존도가 높은 팀과 낮은 팀

또 하나의 중요한 조건은 업무 상호 의존도입니다. 업무 상호 의존도가 높은 팀에서는 한 사람의 판단이 곧바로 다른 사람의 일정과 결과에 영향을 미칩니다. 프로젝트형 조직, R&D팀, 제품·마케팅·영업이 긴밀하게 연결된 팀이 여기에 해당합니다. 이런 팀에서는 각자의 판단을 존중하는 것만으로는 충분하지 않습니다. '이 판단이 다른 팀에 어떤 영향을 미치는가?', '어디까지 합의해야 실행이 다시 조정되지 않는가?'를 확인하지 않으면, 실행 단계에서 이미 한 결정을 되돌리는 일이 반복됩니다. 따라서 이 유형의 팀에서는 전략과 실행을 함께 해석하는 대화가 매우 중요합니다.

업무 상호 의존도가 낮은 팀도 있습니다. 개인 단위로 목표를 관리하는 보험 영업 조직이나 지역별로 비교적 독립적으로 운영되는 영업 조직이 그렇습니다. 이런 조직은 모든 판단을 함께 논의하는 것이 그리 효율적이지 않습니다. 오히려 실행 속도가 느려집니다. 그러므로 서로 배우는 대화의 초점은 세부 실행이 아니라, 공통으로 공유해야 할 최소한의 기준과 원칙을 명확히 하는 데 있어야 합니다.

이 네 가지 조건은 팀을 평가하기 위한 분류가 아니라, 세 가지 점검 사항 중 무엇을 더 자주, 더 세밀하게 다뤄야 하는지를 판단하기 위한 참고 틀입니다. 정리하면 다음과 같습니다.

팀 유형별 '서로 배우는 대화'를 위한 세 가지 점검 사항

팀 조건	WHY 점검 (방향)	전략·실행 점검 (해석)	일하는 방식 점검 (순환)
외부 변화 ↑ / 업무 의존도 ↑	Why를 자주 재확인하며 방향을 맞춘다.	우선순위와 기준을 반복적으로 재해석한다.	관찰－실험－피드백 루프를 촘촘히 돌린다.
외부 변화 ↑ / 업무 의존도 ↓	Why는 공유하되 자율성을 남긴다.	전략 해석의 최소 기준만 합의한다.	환경 변화 신호를 빠르게 공유한다.
외부 변화 ↓ / 업무 의존도 ↑	Why를 기준으로 판단의 일관성을 유지한다.	실행 기준과 역할 간 경계를 명확히 한다.	조정이 필요한 지점을 정기적으로 점검한다.
외부 변화 ↓ / 업무 의존도 ↓	Why를 안정적으로 유지한다.	기존 전략의 타당성을 점검한다.	최소한의 피드백 루프만 유지한다.

이 표가 말해 주는 핵심은 단순합니다. 세 가지 점검 사항은 모든 팀에 필요하지만, 모든 팀이 같은 비중으로 점검할 필요는 없다는 것입니

다. 어떤 팀은 Why를 자주 재확인해야 하고, 어떤 팀은 전략 해석과 기준 정렬이 중요하고, 어떤 팀은 관찰-실험-피드백의 빈도를 높여야만 합니다. 서로 배우는 대화는 팀을 같은 방식으로 말하게 만드는 것이 아니라, 팀의 조건에 맞게 무엇을 함께 확인해야 하는지를 분명히 하는 대화입니다. 그래서 저는 팀에게 다음 질문을 권하고 싶습니다.

· 현재 우리 팀은 어떤 신호를 함께 관찰해야 하는가?
· 어디까지 함께 판단해야 실행이 재조정되지 않는가?
· 실제 행동을 바꾼 팀 대화는 무엇이었는가?

이 질문에 대한 답은 팀마다 다를 수 있습니다. 그러나 이 질문을 기준으로 대화를 점검하기 시작하는 순간, 팀 대화는 의견 교환을 넘어 학습과 실행을 연결하는 구조로 움직이기 시작합니다.

3장

서로 배우는 대화란 무엇인가

팀 다이얼로그 작동 원리

'서로 배우는 대화'는 단순한 소통이 아니라 서로의 관점을 통해 새로운 이해를 만들어가는 과정입니다. 이미 알고 있는 것을 확인하는 말이 아니라 아직 모르는 것을 함께 탐색하는 말입니다. 단순한 정보 전달이 아니라 이해의 공동 창조(co-creation of understanding)입니다. 그러나 실제 일터에서 이런 대화가 자연스럽게 일어나기는 쉽지 않습니다. 사람마다 해석이 다르기 때문에, 같은 사실을 보더라도 리더는 전략을 이야기하고 구성원은 현실을 이야기하기도 합니다.

차이를 좁힐 방법은 있습니다. 지시나 설명을 늘리는 것이 아니라 서로의 시선을 맞추고 해석을 공유하는 대화를 하는 것입니다. 이런 대화가 작동할 때 팀은 일의 의미를 해석하고, 각자의 관점을 모아 실행 방향을 구체화합니다.

이 장에서는 '서로 배우는 대화'가 어떤 대화이며, 어떻게 작동하는지를 다룹니다. 구체적으로 Part 1에서 팀의 현실이 대화 속에서 어떻게 만들어지는지 살펴보고, Part 2에서는 서로 배우는 대화를 어렵게 만드는 인지적 습관과 감정적 반응을 살펴봅니다. Part 3에서는 이를 넘어서는 관점의 전환이 어떻게 대화의 질을 바꾸는지 정리합니다. 이 세 가지를 통해 '서로 배우는 대화'의 작동 원리를 체계적으로 설명합니다.

PART 1

대화가 팀의 현실을 만든다

우리는 이미 많은 대화를 하고 있습니다. 팀 소통, 회의, 메신저로 업무 내용을 주고받고 있습니다. 그래서 많은 사람이 "우리 팀은 대화가 많은데요", "회의도 하고 메신저로도 이야기하는데요"라고 말합니다. 그러나 같은 회의, 같은 보고, 같은 말을 했는데도 결과는 다릅니다. 그 이유는 대화는 하지만, '서로 배우는 대화'가 아니기 때문입니다. 서로 배우는 대화는 새로운 형식이 아니라 일상적인 대화에 접근하는 방법의 차이에서 나옵니다. 그리고 그 차이를 이해하려면 팀의 현실이 어떻게 만들어지는지를 살펴야 합니다.

객관적 사실과 주관적 현실

월요일 아침 회의가 끝났습니다. 한 팀원이 "오늘 회의 괜찮았어요. 팀장님이 우리 의견을 많이 들어 주셨잖아요"라고 말합니다. 그런데 다른 팀원은 "결국 팀장님 뜻대로 밀어붙였잖아요"라고 말합니다. 둘 다 같은 객관적 상황 앞에서 자신이 느낀 그대로를 말하고 있습니다. 그러나 각자가 구성한 현실은 완전히 다릅니다.

우리는 흔히 '현실은 저 밖에 있다', '사실은 하나다'라고 생각합니다. 하지만 사람과 조직의 세계에서 현실은 존재하는 것이 아니라 구성되는 것입니다. 심리학과 사회학에서는 이를 '사회적 구성(social construction)'이라고 합니다. 현실은 물리 법칙처럼 변하지 않는 단일한 것이 아니라, 어떻게 해석하고 어떤 대화를 나누느냐에 따라 달라진다는 것입니다. 같은 회의라도 누군가에게는 '존중받는 자리', 다른 누군가에게는 '일방적인 자리'가 되는 이유가 여기에 있습니다.

행동을 결정하는 각자의 해석

회의가 좋았다고 느낀 팀원은 앞서 팀장님과 긍정적인 경험이 있었기 때문일 수 있습니다. 반대로 불만을 느낀 팀원은 팀장님과의 부정적인 경험에 기반할 수도 있습니다. 즉 객관적인 사실은 하나지만, 현실은 각자의 경험과 감정으로 구성됩니다. 행동을 결정하는 것도 객관적 사실이 아니라 개인이 내린 해석인 거죠.

리더가 "신규 고객 확보가 중요합니다"라고 말하면, 누군가는 '기존 고객을 소홀히 하라는 뜻인가?'라고 받아들이고, 누군가는 '인력은 그대로인데 일을 늘리라는 말인가?'라고 받아들입니다. 리더는 명확히 전달했다고 생각하지만, 팀원들은 각자의 해석 속에서 다른 현실을 살고 있습니다. 이 차이가 쌓이면 말과 실행이 엇갈리고, 결과적으로 같은 목표를 향하지 못합니다.

대화로 구성되는 팀의 현실

개인의 현실이 해석의 결과라면, 팀의 현실은 그 해석들이 만나 형성되는 대화의 결과물입니다.

팀장이 "이번 분기 목표가 너무 높아서 걱정이네요"라고 말하자, 한 팀원이 "그렇죠. 작년에도 힘들었잖아요"라고 맞장구칩니다. 다른 팀원도 "이번에도 현실적이지 않네요"라고 덧붙입니다. 이런 대화가 반복되면 팀은 '불가능한 목표를 떠안은 팀'이라는 현실을 만들게 됩니다.

그러나 "이번 분기 목표가 쉽지 않네요. 어떤 방식으로 접근하면 좋을까요?"라고 묻고, "작년과는 다르게 해 볼까요? 새로운 시도를 해 보면 어떨까요?"와 같은 대화가 이어진다면 전혀 다른 결과가 나옵니다. '함께 도전하는 팀'이라는 현실을 만들게 됩니다. 객관적 사실은 동일합니다. 그러나 그 사실을 해석하고 공유하는 방식이 현실을 바꿉니다.

현실을 만드는 대화

대화는 생각을 전달하는 수단이 아니라 현실을 형성하는 행위입니다. 우리가 어떤 말을 하고, 그 말이 팀 안에서 어떻게 순환되는가에 따라 팀이 서 있는 기반이 달라집니다. 불가능한 목표를 떠안은 팀도, 함께 도전하는 팀도 모두 대화가 만든 결과물입니다.

서로 배우는 대화는 팀이 어떤 현실을 선택하고 유지할지를 결정하는 방식입니다. 따라서 이 대화를 이해하는 일은 커뮤니케이션 기술을 배우는 것이 아니라, 팀이 함께 일하는 방식을 설계하는 것입니다.

이제 대화가 현실을 만든다는 것을 알았습니다. 그런데 왜 우리는 '서로 배우는 대화'를 여전히 어렵게 느끼는 걸까요? 다음 파트에서 대화를 가로막는 인지적 습관과 감정적 반응에 대해 살펴봅니다.

PART 2

왜 서로 배우는 대화가 어려운가?

'서로 배우는 대화'를 잘하려면 우리의 인지 구조가 대화를 왜곡하도록 진화해 왔다는 점을 알아야 합니다. 대화의 어려움은 능력 부족이 아니라 본능적 반응의 결과입니다.

본능이 작용하면 우리는 서로 다른 것을 보면서도 같은 것을 본다고 착각합니다. 정보가 부족할 때 제멋대로 빈칸을 채우고, 상대의 의도를 부정적으로 해석하기도 합니다. 이러한 인지적 경향이 반복되면 결국 대화는 끊기고 신뢰는 약해집니다.

다른 현실을 보면서도 같은 현실이라고 믿는다

회의 시간, 팀장이 "이번 프로젝트 정말 잘 진행됐네요"라고 말합니다. 그러자 김 대리는 '잘 진행됐다고? 나는 세 번이나 밤샘 작업했는데…'라는 생각이 올라옵니다. 이 과장은 '맞아, 고객사가 칭찬했지. 우리가 정말 잘했어'라고 생각합니다.

같은 말을 듣고 두 사람의 해석이 완전히 다릅니다. 이유는 단순합니다. 우리의 뇌가 정보를 있는 그대로 처리하지 않고, 자기만의 해석 틀을 통해 걸러냈기 때문입니다. 사람의 뇌는 하루에도 수백만 개의 자극을 받아들입니다. 모든 정보를 다 처리할 수 없으므로 뇌는 과거의 경험, 감정, 가치관, 기대, 심지어 타고난 성향까지 모두 작동시켜 자극을 필터링합니다. 결국 사람은 현실을 관찰하는 게 아니라 해석된 현실을 경험하는 것입니다.

문제는 대부분이 이 사실을 인식하지 못한다는 점입니다. 자신의 해석을 사실로 믿고, 상대 역시 같은 현실을 보고 있다고 가정합니다. 이런 착각이 쌓이면 대화는 쉽게 어긋납니다.

"분명히 얘기했는데 왜 다르게 받아들이죠?", "그때 그 말을 그런 뜻으로 한 게 아니었는데…"와 같은 말을 반복하게 될 때, 팀 대화는 배움의 장이 아니라 해석 충돌의 장으로 변합니다.

정보가 부족하면 스스로 빈칸을 채운다

사람은 모호한 상황을 견디기 어려워합니다. 그래서 상대의 반응이 명확하지 않거나 애매하면 스스로 이야기를 만들어냅니다. 이 현상을 심리학자들은 '추론의 사다리(Ladder of Inference)'라고 부릅니다.

예를 들어, 동료가 회의 중에 아무 반응을 보이지 않을 때 우리는 즉시 해석을 붙입니다. '내 제안이 마음에 안 드나 봐', '관심이 없네', '반대할 생각이겠지' 하고 말이죠. 실제로는 야근으로 피곤했거나, 잠시 다른 생각에 잠겼을 수도 있습니다. 그러나 우리는 이미 추측으로 빈칸을 채웠습니다. 이 추측은 사실처럼 굳어집니다.

추측은 빠르고 자동적입니다. 우리의 뇌는 에너지를 절약하기 위해

즉각적인 결론을 내리도록 진화했기 때문입니다. 하버드 경영대학원의 크리스 아지리스(Chris Argyris)는 이 과정을 "사람은 관찰 가능한 데이터에서 출발하여 의미를 부여하고, 가정을 세우고, 결론을 내리고, 그 결론에 맞춰 행동한다"라고 설명했습니다. 여기에 확인 과정이 빠지면 대화는 사실이 아니라 각자가 세운 가정들을 기반으로 전개됩니다. 즉, 서로 배우는 대화를 가로막는 첫 번째 장애물은 '확인되지 않은 추측이 관계를 규정한다'라는 점입니다.

불확실할수록 상대를 부정적으로 해석한다

정보가 불확실할 때 사람은 긍정보다 부정을 먼저 떠올립니다. 이는 생존을 위해 진화한 편도체의 경계 반응 때문입니다. 편도체는 불확실한 상황을 '위협'으로 인식하고 즉시 경보를 울립니다. 불확실성을 만났을 때 최악의 가능성을 떠올리는 것도 편도체 때문입니다.

이 경향성은 일터에서 더욱 강화됩니다. 불안하고 두려울수록 권력 관계, 평가, 경쟁 등이 나를 위협하는 것으로 느껴집니다. 그래서 심리적 안전감이 담보되지 않으면 리더의 말 한마디와 동료의 표정 하나가 위협 신호로 해석되는 것입니다.

'리더가 왜 저런 말을 했지? 나를 불신하는 건가?', '동료가 내 의견에 반응이 없네. 반대하는 건가?'와 같은 해석은 의식적으로 선택한 것이 아닙니다. 내 마음속에서 의심 회로가 작동하면 확인보다 방어하려는 마음이 일어납니다. 방어가 시작되면 대화는 탐색이 아니라 반응으로 변합니다.

본능적 반응이 만드는 악순환

이 세 가지 인지적 경향은 독립적으로 작동하지 않습니다. 서로 연결되어 대화의 흐름을 왜곡하는 악순환 구조를 만듭니다.

첫 번째 단계는 서로 다른 현실을 보고 있으면서 같은 현실을 보고 있다고 믿는 것입니다. 이 믿음은 상대의 말이 다르게 들릴 때 확인하기보다 '상대가 틀렸다'라고 단정하게 합니다.

두 번째 단계는 부족한 정보의 빈칸을 추측으로 채우는 것입니다. 확인보다 해석이 빠르게 작동하면서 '리더는 우리를 신뢰하지 않아', '그 사람은 협조적이지 않아' 같은 결론을 내리게 합니다.

마지막 단계는 불확실성이 계속되면서 우리의 뇌가 상황을 위협으로 받아들이는 것입니다. 자기 보호 본능이 작동하면서 방어적인 태도가 강화됩니다. 확인 대신 침묵을 선택하고, 솔직한 피드백보다 안전한 발언을 선택하게 합니다.

이 과정이 반복되면 팀 대화는 점점 표면적으로 바뀝니다. 형식상으로는 회의와 보고가 활발하지만, 서로의 생각을 깊이 이해하거나 배우는 대화는 일어나지 않습니다. 대화가 오히려 오해를 고착시키는 구조가 되는 것입니다. 다음 표는 이러한 본능의 악순환이 팀 대화를 어떻게 왜곡시키는지를 정리한 것입니다.

본능의 악순환으로 왜곡되는 팀 대화

본능적 반응	결과	대화의 흐름
각자 다른 현실을 보고도 같다고 믿는다.	오해와 단절	"분명히 말했는데 왜 몰라요?"
빈칸을 추측으로 채운다.	근거 없는 판단	"저 사람은 원래 그런 스타일이야"
불확실성을 위협으로 해석한다.	방어와 거리두기	"괜히 말하면 문제가 될 수도 있어"

요약하면 서로 배우는 대화를 어렵게 만드는 원인은 다음 세 가지 반응입니다.

· 각자의 렌즈로 세상을 보며 그것이 '사실'이라고 믿는다.
· 정보가 부족할 때 확인 대신 추측으로 빈칸을 채운다.
· 불확실한 상황에 직면하면 위협으로 해석하고 방어한다.

이 세 가지 반응이 연결되어 흐르기 시작하면 방어하려는 마음이 강화되고 대화가 단선적으로 변합니다. 이 악순환을 끊는 방법은 대화의 기술이 아니라 관점의 전환입니다. 그리고 서로 배우는 대화를 하기 위해서는 본능을 인식하고 다루는 방법을 알아야 합니다.

다음 파트에서는 이러한 본능을 넘어서는 구체적인 접근, 즉 관점과 태도의 전환이 어떻게 대화의 질을 바꾸는지를 살펴봅니다.

PART 3

서로를 어떻게 바라볼 것인가?

앞에서 살펴본 세 가지 인지적 경향이 생기는 이유는 시선이 내 안에 머물러 있기 때문입니다. 사람은 본능적으로 내가 본 것이 전부라고 믿고, 자신의 기준으로 판단합니다. 이 본능에서 비롯된 습관을 멈추기 위해서는 관점을 바꿔야 합니다. 관점이 바뀌면 질문이 달라지고, 질문이 달라지면 대화의 질이 달라집니다. 서로 배우는 대화는 관점의 전환에서 시작됩니다.

이해시켜야 할 사람에서 함께 탐색할 사람으로

많은 리더가 자신을 '방향을 제시하는 사람'으로 인식합니다. 그러면 팀원은 그 방향을 이해하고 따르는 사람으로 역할이 제한됩니다. 이러한 구조에서는 대화가 일방적으로 흐르고, 팀원은 전달받은 내용을 해석하는 것에 에너지를 쓰게 됩니다.

그러나 서로 배우는 대화에서는 리더와 팀원이 함께 의미를 탐색하는 동료로 바뀝니다. 리더가 "이 전략의 핵심이 무엇인지 같이 짚어 봅시다"라고 말할 때, 팀원은 수동적인 청자가 아니라 해석의 공동 참여자가 됩니다. 대화의 초점도 달라집니다. 이전에는 '무엇을 해야 하는가'가 중심이었다면 이제는 '이 일을 왜 이렇게 해야 하는가'가 중심이 됩니다. 대화의 기능이 설명에서 탐색으로 이동하는 것입니다.

지시-실행 관계에서 함께 만들어가는 관계로

조직은 보통 위에서 전략을 설계하면 아래에서 실행하는 구조입니다. 이 구조는 빠르고 효율적이지만, 학습의 순환은 일어나기 어렵습니다. 전략은 실행 과정에서 수정되며 발전해야 하는데, 지시와 수행만 존재하면 새로운 배움이 쌓이지 않습니다.

그러나 서로 배우는 대화에서는 리더와 팀원이 현실을 함께 설계하는 동반자가 됩니다. 리더는 전략적 방향을, 팀원은 현장의 맥락을 제공합니다. 두 관점이 만나야 실행이 살아 움직입니다. 이전에는 '지시-보고'가 기본 구조였다면, 이제는 '관찰-해석-설계'의 순환 구조가 만들어집니다.

리더가 묻습니다. "이번 시도에서 예상과 다른 점이 있었나요?" 팀원은 답합니다. "고객 반응이 달라서 다음엔 이렇게 바꿔 보려 합니다" 이 대화가 반복될 때 전략은 문서가 아니라 학습의 과정이 됩니다.

평가의 관계에서 함께 성장하는 관계로

대부분의 피드백은 '평가'의 형태로 주어집니다. 리더가 말하고 구성원은 듣습니다. 이때 피드백은 통제의 언어가 되고, 팀원들의 태도는 방어적으로 작동합니다. 그러나 서로 배우는 대화에서는 피드백이 위계적 평가가 아니라 공동의 탐색 과정으로 바뀝니다. 리더와 팀원이 함께 관찰하고, 서로의 해석을 나누며 다음 시도를 설계합니다.

리더는 "이 부분을 이렇게 봤는데, 여러분은 어떻게 보셨나요?"라고 묻고, 팀원은 "저는 이렇게 느꼈고, 이런 점이 궁금했어요"라고 응답합니다. 이렇게 서로의 관점을 주고받으며 함께 의미를 만들어갈 때, 피드백은 결과의 점검이 아니라 다음 행동을 위한 설계적 대화가 됩니다.

관점 전환으로 인한 대화의 변화

관점 전환	기존 관점	전환된 관점	대화의 변화
이해시켜야 할 사람 → 함께 탐색할 사람	리더가 설명하고 팀원은 이해한다.	함께 의미를 탐색한다.	"이 전략은 우리 팀의 일과 어떤 의미로 연결될까요?"
지시−실행 관계 → 함께 만들어가는 관계	위에서 설계하고 아래서 수행한다.	공동 창조자가 되어 함께 실행을 설계한다.	"이번 실행에서 배운 점을 다음 시도에 어떻게 반영할 수 있을까요?"
평가의 관계 → 함께 성장하는 관계	피드백이 위에서 아래로 전달된다.	순환하는 피드백으로 서로의 성장을 돕는다.	"이번 결과를 보고 저는 이렇게 느꼈어요. 당신은 어떻게 보셨나요?"
	평가 중심의 대화가 이루어진다.	탐색 중심의 대화가 이루어진다.	"이번 시도에서 배운 점은 무엇이었나요?"

이 세 가지 전환은 태도의 차이를 넘어, 팀 대화가 작동하는 구조를 재설계하는 원리로 작동합니다. 리더와 팀원이 의미를 함께 탐색하는 동료로 바라보고, 함께 설계하는 존재로 인식하고, 성장의 파트너로 신뢰할 때 대화는 '일방적 전달'에서 '상호 탐색'으로 바뀝니다. 이 변화가 쌓이면 팀은 지시 중심의 구조에서 벗어나 이해와 실행이 함께 발전하는 학습 구조로 이동합니다.

관점이 달라지면 질문이 달라지고, 질문이 달라지면 대화의 질과 결과가 달라집니다. 결국 서로 배우는 대화는 관점을 전환할 수 있는 능력에서 출발합니다.

4장

서로 배우는 대화의 기본기와 말의 구성요소

팀 다이얼로그 구조

우리는 '서로 배우는 대화'가 어떻게 현실을 형성하고, 우리의 본능이 어떻게 그 대화를 어렵게 만드는지 살펴보았습니다. 그리고 서로를 의미를 탐색하는 동료로, 함께 배우는 존재로 관점을 전환할 때 대화의 질이 개선되는 것을 살펴보았습니다.

하지만 이해했다고 해서 대화가 달라지지는 않습니다. '함께 탐색해야 한다', '확신을 내려놓고 배워야 한다'를 안다고 해서 말의 방식이 바뀌는 건 아니니까요. 그 이유는 단순합니다. 우리의 본능은 빠른 판단, 부정적 추측, 방어로 향하기 때문입니다. 관점을 바꾸려면 본능과 반대 방향으로 의식을 전환하는 실천이 필요합니다.

이 장에서는 그 실천의 기술로 서로 배우는 대화의 기본기와 말의 구성요소를 다룹니다. Part 1에서 서로 배우는 대화의 기본기인 '알아차림, 질문, 성찰'을 살피고, Part 2에서 말의 구성요소인 '사실 말, 생각 말, 마음 말, 기대 말'을 살필 것입니다. 대화에서 오해를 줄이고 신뢰를 높이는 도구가 되어 줄 것입니다.

서로 배우는 대화의 기본기: 알아차림, 질문, 성찰

기본기 1. 알아차림: 본능을 넘어서는 멈춤

회의실입니다. 동료가 당신의 제안에 대해 "이 방식은 현실성이 없는 것 같아요"라고 말합니다. 그 순간, 무슨 일이 일어날까요? '뭐가 현실성이 없다는 거야? 당신이 뭘 안다고?'라는 마음이 머릿속에서 튀어나오고, 가슴이 답답해지고 얼굴이 뜨거워질 것입니다. 입을 열면 방어적인 말들이 나올 것 같습니다. 이 모든 것이 1초도 안 되어 일어납니다. 그리고 대부분은 이러한 반응에 그대로 휩쓸립니다.

하지만 자동 반응과 실제 대화 사이에 작은 틈을 만들면 서로 배우는 대화가 가능해집니다. 그 틈을 만드는 일이 바로 '알아차림'입니다.

알아차림이란 무엇인가?

알아차림은 '지금 내 안에서 무슨 일이 일어나고 있는가'를 관찰하는 일입니다. 예를 들어 동료가 "현실성이 없다"라고 말했을 때, 알아차림이 작동하는 사람은 이렇게 인식합니다.

· 지금 내가 방어하고 싶어 하는구나.

· 가슴이 답답한 걸 보니 억울함을 느끼고 있구나.
· '당신이 뭘 아느냐'라는 생각이 떠오르는 걸 보니 공격받았다고 느
  끼는구나.

이런 알아차림은 나를 관찰하는 사람으로 만듭니다. 그러나 알아차림이 작동하지 않으면 자동 반응이 곧 나 자신이 됩니다. 반응과 나 사이에 작은 틈이 생길 때, 우리는 자동 반응이 아닌 선택한 반응을 할 수 있게 됩니다.

왜 알아차림이 어려운가?

우리의 뇌는 생존을 위해 빠르게 반응하도록 설계되어 있습니다. 위협을 감지하면 편도체가 경보를 울리고, 즉각적인 반응(싸우거나 도망가기)을 준비합니다. 이 과정은 의식보다 빠릅니다. "현실성이 없다"라는 말을 들었을 때 우리의 뇌 속에서는 이런 반응이 일어납니다.

· 내 가치가 공격받았다는 위협으로 감지 → 편도체 활성화 → 방어
  반응 준비 → 이성적 사고 억제

모든 과정이 우리가 인식하기도 전에 일어납니다. 그렇다면 알아차림은 불가능한 것일까요? 아닙니다. 연습으로 가능합니다. 뇌과학 연구에 따르면, 규칙적인 알아차림 연습은 편도체의 반응을 조절하고 전전두엽을 활성화시켜 자동 반응과 의식적 대응 사이의 틈을 넓힙니다. 알

아차림은 반사적인 반응과 의식적인 선택 사이의 공간을 확장하려는 시도입니다.

알아차림 연습하기: '~보니, ~구나' 문장 구조

대화 중 알아차림을 연습하는 가장 실용적인 방법은 '~보니, ~구나'의 문장 구조를 사용하는 것입니다. 이 문장은 관찰과 인식이라는 두 가지 단계로 이루어집니다.

첫 번째는 '관찰 단계'입니다. '~을 보니'라는 문장을 사용합니다.

두 번째는 '인식 단계'입니다. '~구나' 또는 '~을 하는구나'라는 문장을 사용합니다. 앞서 본 예시를 이 구조로 정리하면 다음과 같습니다.

· 목이 갑갑한 것을 보니, 지금 방어하고 싶어 하는구나.
· '뭘 안다고'라는 생각이 떠오르는 걸 보니, 공격받았다고 느끼는구나.
· 가슴이 답답한 걸 보니, 억울함을 느끼고 있구나.

통제, 인정, 조급함처럼 서로 다른 감정이 떠오를 때도 같은 원리가 작동할 수 있습니다.

· 한마디 하고 싶은 걸 보니, 좋은 인상을 주고 싶어 하는구나.
· 불안한 마음이 드는 걸 보니, 이 상황을 경계하고 있구나.
· 사실과 다르다는 생각이 드는 걸 보니, 반박하고 싶어 하는구나.
· 조급한 마음이 드는 걸 보니, 빨리 결론을 내리고 싶어 하는구나.

즉, 관찰과 인식으로 구성되는 '~보니, ~구나' 문장 구조는 는 내 안의 자동 반응을 관찰자의 시선으로 전환하는 언어적 장치입니다.

관찰 단계의 중요성

많은 사람이 '관찰 단계(~보니)'를 건너뛰고 바로 '인식 단계(~구나)'로 나아갑니다. '짜증 나', '또 나만 지적하네', '지금 저 사람은 날 공격하고 있어'라는 감정이나 해석에 동일시된 상태입니다. 내가 감정 자체가 되어버린 것이죠. 이 상태에서는 반응을 선택하기가 어렵습니다. 감정이 나를 끌고 갑니다.

반면 관찰 단계를 거치면, '비판을 하고 싶은 것을 보니, 내가 지금 시기하고 있구나'가 됩니다. 이 작은 차이로 나는 감정의 주체가 아니라 감정을 관찰하는 사람이 됩니다. 이 틈을 만들 때, 감정에 휘둘리지 않는 대응을 선택할 수 있습니다. 즉, '~보니'라는 문장은 관찰자 시점을 회복하게 하는 장치이자, 나 자신을 타자화해서 보게 만드는 3인칭의 언어입니다.

다음 사례를 살펴봅시다. 회의 중 팀원이 "이전에 비슷한 방식으로 해 봤는데 잘 안 됐어요"라고 말합니다. 리더는 즉시 '내 아이디어가 부정당했다'라는 방어가 작동했습니다. 그러나 알아차림이 개입되자 '따지고 싶은 마음이 생기는 것을 보니, 내 제안이 거부당했다고 느끼는구나', '빨리 설득하고 싶은 걸 보니, 통제하고 싶어 하는구나'라는 마음으로 바뀌었습니다. 그래서 리더는 이렇게 말했습니다. "전에 이와 비슷한 아이디어를 시도해 보셨군요. 그때 어떤 점이 어려웠나요?”

알아차림이 방어에서 탐색으로, 막힘에서 열림으로 대화를 바꾼 것입니다.

알아차림의 대상

대화 중에 알아차려야 할 대상은 ‘머릿속 말, 감정적 반응, 행동 충동’입니다. 이것을 알아차릴 때, 관찰하는 사람이 되어 의식적인 선택을 할 수 있습니다.

① 머릿속 말

‘저 사람은 나를 무시하는 거야’, ‘이건 말이 안 돼. 내가 옳아’와 같은 부정적인 생각이 떠오를 때, ‘저 사람이 나를 무시한다는 생각이 떠오르는 걸 보니, 나는 위축감을 느끼고 있구나’ 하고 알아차립니다.

② 감정의 반응

억울함, 분노, 불안, 서운함이라는 감정이 올라올 때, ‘가슴이 답답한 걸 보니, 억울함을 느끼고 있구나’, ‘손에 힘이 들어가는 걸 보니, 긴장하고 있구나’ 하고 알아차립니다.

③ 행동 충동

말을 끊고 싶거나 자리를 떠나고 싶을 때, 반박하고 싶은 충동이 일 때 ‘말을 끊고 싶은 걸 보니, 내 입장을 빨리 설명하고 싶어 하는구나’ 하고 알아차립니다.

알아차림이 만드는 공간

알아차림은 대화에 다시 참여하기 위한 의식적 멈춤입니다. 본능대로 반응하면 대화는 방어, 공격, 단절로 흐르지만, 알아차리고 대응하면 이해, 탐색, 연결로 이어집니다. 서로 배우는 대화는 알아차림 없이는 불가능합니다. 본능의 힘이 너무 강하기 때문입니다. 하지만 알아차림이 있으면 본능과 대화 사이에 작은 틈이 생깁니다. 그 틈에서 관점이 전환되고 배움이 일어납니다.

알아차림은 기술이 아니라 습관입니다. 대화 중에, 회의 중에, 일상에서 계속 연습해야 합니다. 처음에는 대화가 끝난 후에야 '아, 그때 내가 방어했구나!' 하고 깨닫습니다. 그러나 익숙해지면 대화 중에 실시간으로 알아차리게 됩니다. 이 알아차림이 자연스러워질 때 다음 기본기인 '질문'이 힘을 발휘하기 시작합니다.

기본기 2. 질문: 배움으로 향하는 문

"그건 왜 그렇게 하셨어요?" 팀장이 던진 질문에 공기가 잠시 냉랭해졌습니다. 목소리도 높지 않았고, 말투도 그리 날카롭지 않았습니다. 그런데도 누군가는 고개를 숙이고, 누군가는 서둘러 자료를 다시 펼칩니다. 같은 말인데 왜 어떤 질문은 대화를 열고 어떤 질문은 대화를 닫을까요?

질문은 기술이기 전에 태도다

질문을 잘한다는 것은 바른 문장 형태를 만드는 것이 아니라 마음의 방향을 드러내는 것입니다. "왜 그랬어?"라는 말에 상대는 '왜 저걸 물을까? 내가 틀렸다는 걸 확인하려는 걸까? 아니면 내 생각을 떠보는 걸까?'라고 해석하기 마련입니다.

질문은 정보 요청이 아니라 관계의 신호이자, 내가 모른다는 것을 인정하고 당신에게 배우겠다는 의사를 표하는 것입니다. MIT의 에드거 샤인(Edgar H. Schein)은 이를 '겸손한 질문'이라고 불렀습니다. 핵심은 정말 알고자 하는 마음과 상대의 세계로 들어가려는 태도입니다.

질문하기 전에 의도부터 말하라

질문은 언제나 해석을 동반합니다. 특히 조직에서는 질문이 권력으로 작용하기도 합니다. 그렇기에 우리는 질문할 때 질문의 의도부터 밝히는 연습을 해야 합니다.

의도를 밝히지 않고 "왜 그렇게 하셨어요?"라고 물으면 추궁처럼 들립니다. 그러나 질문 앞에 의도를 담아 "그때의 상황을 자세히 알고 싶습니다. 그런 선택을 하셨을 때 어떤 고민이나 고충이 있었는지 들려주실 수 있을까요?"라고 하면 이해의 말이 됩니다. 질문의 내용보다 중요한 건 질문이 향하는 방향과 마음입니다. 질문에 진심이 보일 때 상대는 방어심을 내려놓고 대화 속으로 걸어 들어옵니다.

나를 향해 질문하기

질문은 상대에게만 하는 것이 아닙니다. 질문은 먼저 나 자신을 향해야 합니다. 앞서 알아차림에서 우리는 내 안의 자동 반응을 관찰했습니다. 이제 그 반응에 대해 질문합니다.

"내가 질문하는 목적은 무엇인가?"
"이 질문을 통해 얻고자 하는 것은 무엇인가?"
"나는 진심으로 상대방의 답변에 관심이 있는가?"

자기 자신에게 이런 질문을 한 번이라도 던져 본 적이 있는 사람은 질문 방식이 대화를 완전히 다른 방향으로 이끄는 '선택'이라는 것을 알 것입니다.

회의에서 동료의 제안에 '방법이 너무 비효율적이지 않을까?'라고 묻고 싶다면, 그 전에 '나는 저 방법이 왜 비효율적이라고 생각하지? 내가 놓치고 있는 건 없을까?'라고 물어야 합니다. 나를 향한 질문은 상대에게 할 질문을 완전히 바꿉니다.

상대를 향한 질문의 방향

서로 배우는 대화에서 질문은 정답을 내기 위한 도구가 아니라 더 나은 해석을 여는 출발점이어야 합니다. 질문에는 다음 네 가지 방향이 있습니다.

① 이해형 질문: "무엇 때문인가요?"

우리는 종종 결과만 보고 질문을 던집니다. "왜 늦었어요?", "어떻게 이런 판단을 하신 거죠?"가 이에 해당합니다. 하지만 이런 질문은 상대의 방어심을 자극할 뿐입니다. 첫 질문은 상대를 이해하기 위한 질문이어야 합니다.

팀원의 보고서 일정이 늦었습니다. '분명히 계획 관리를 못 했을 거야'라는 마음이 듭니다. 이것은 추측입니다. 그러나 "보고서 일정이 조금 늦었어요. 혹시 이유를 알 수 있을까요? 제가 그 상황을 이해하면 더 나은 협의를 할 수 있을 것 같아서요"라고 질문하면 상대를 이해할 수 있습니다. 이 질문에는 '당신을 추궁하려는 것이 아니라 장애 요인이 있다면 해결하기 위해서 맥락을 알고 싶습니다'라는 의도가 담겨 있기 때문입니다.

질문 예시

· 어떤 부분을 보고 그렇게 생각하셨나요?

· 구체적으로 무엇을 보셨나요?

· 당시 상황을 조금 더 들려주실 수 있나요?

② 연결·확장형 질문: "다른 가능성은 없을까요?"

모두 고개를 끄덕이지만, 어딘가 찜찜한 공기가 흐르는 회의가 있습니다. 아이디어도 공유되었고 다수가 동의한 듯 보이는 분위기입니다. 이런 자리에서 다른 가능성을 말하는 건 꽤 큰 용기가 필요합니다.

한 팀원이 마케팅 시안을 발표했고 모두가 긍정적으로 반응했습니다. 그런데 어딘가 찜찜합니다. 이럴 때 리더는 질문으로 흐름을 바꿀 수 있습니다. "꽤 설득력 있는 안이에요. 그런데 혹시 이 안을 다른 고객을 타깃으로 한다면 어떤 변화가 생길까요? 지금 안을 부정하려는 건 아니고, 다른 각도에서 보면 놓친 게 있을까 싶어서요"

이 질문은 공격이 아니라 확장의 제안입니다. 기존의 아이디어를 무효화하지 않고, 그 옆에 또 하나의 가능성을 놓아 보자는 말입니다.

질문 예시

· 이 방식 외에 다른 가능성은 없을까요?

· 우리가 어떤 관점으로 볼 수 있을까요?

· 이것을 해결하면 무엇이 달라질까요?

③ 성찰형 질문: "우리가 놓친 점은 없을까요?"

모든 일이 기대대로 흘러가진 않습니다. 충분히 준비했다고 생각했던 프로젝트가 결과로 이어지지 않기도 합니다.

성과 발표 이후, 기대보다 낮은 결과로 팀 분위기가 무겁습니다. 이때 리더가 조급하게 "대체 어디서 잘못된 거예요?"라고 묻는다면, 질문은 추궁이 됩니다. 이런 대화는 분석보다 변명하게 하고, 반성보다 방어에 집중하게 합니다.

성찰형 질문은 다음을 위한 배움에 초점을 둡니다. "이번 결과는 우리의 기대에 미치지 못했어요. 어떤 지점에 문제가 있었는지 함께 돌아볼 수 있을까요? 책임을 묻는 게 아니라, 다음에 무엇을 준비해야 좋을지 알아보기 위해서예요"

이 질문의 목적은 명확합니다. 실패의 원인을 찾아 누구를 지적하려는 것이 아니라, 팀 전체가 다음을 위한 배움을 얻도록 분위기를 만드는 것입니다.

· 우리가 놓친 점은 없었을까요?

· 다음에는 어떻게 다르게 해 볼 수 있을까요?

· 이 경험에서 배운 점은 무엇일까요?

④ 적용형 질문: "무엇부터 작게 바꿔 볼 수 있을까요?"

좋은 대화는 생각을 나누는 데 그치지 않고 행동으로 연결되어야 합니다. 적용형 질문은 대화의 끝이 아니라 실천의 시작을 여는 질문입니다.

한 팀이 회고 미팅에서 협업 방식에 대한 공감대를 나눴습니다. 모두가 문제를 인식했고, 더 나은 방향에 대한 아이디어도 나왔습니다. 이때 팀장이 "오늘 나눈 이야기 중에서 시도하고 싶은 게 있을까요? 사소해도 좋아요. 작게라도 시도해 보고 싶은 게 있다면 말씀해 주세요"라고 질문합니다.

이 질문은 함께 논의한 내용을 실행 가능한 행동으로 전환해 보자는 제안입니다. 질문의 핵심은 '완벽하게 하자'가 아니라, '작은 변화라도 시도해 보자'라는 데 있습니다.

· 무엇부터 작게 바꿔 볼 수 있을까요?

· 이번 주에 실험해 볼 수 있는 건 무엇일까요?

· 가장 먼저 시도해 볼 만한 것은 무엇일까요?

질문은 정보를 얻는 도구를 넘어 관계를 만드는 방식이고, 함께 배우고자 하는 마음의 표현입니다. 그리고 이 질문들이 대화 속에서 자연스럽게 작동할 때, 우리에게 마지막 기본기가 필요하다는 걸 알게 됩니다. 바로 '성찰'입니다.

기본기 3. 성찰: 다음 대화를 위한 의식적 회복

대화가 끝났습니다. 회의실을 나섭니다. 이제 끝일까요? 대부분은 그렇게 생각합니다. 대화가 끝났으니 다음 일로 넘어갑니다. 하지만 서로 배우는 대화에서는 아닙니다. 성찰의 단계가 남아 있습니다.

성찰이란 무엇인가?

성찰은 경험을 돌아보며 배움을 발견하고 다음 행동을 설계하기 위한 의식적 사고 과정입니다. 단순히 '오늘 회의가 어땠지?' 하고 떠올리는 것이 아닙니다. 상황을 내가 어떤 관점으로 해석했는지 능동적으로 알아차린 뒤 다시 새로운 관점으로 바라보고, 질문하고, 다음을 선택하는 실천적 사고입니다.

성찰은 대화를 지속적인 배움의 여정으로 만듭니다. 그리고 성찰이 필요한 순간은 우리의 일상 곳곳에 숨어 있습니다.

① 새로운 상황에 직면했을 때

새로운 역할, 처음 시도하는 방식, 새로운 규칙 등 익숙하지 않은 것을 마주할 때 우리는 이전의 방식을 고수하고는 합니다. 나도 모르게 이전 방식이 튀어나오는 것이죠. 이때 이전의 방식이 적절했는지 돌아보는 성찰이 필요합니다.

② 나를 흔드는 사건을 겪었을 때

실패, 갈등, 예상치 못한 피드백 등은 우리의 마음을 크게 흔듭니다. 이때 우리는 감정에 휘둘리기보다 성찰을 통해 의미를 찾아야 합니다. 특정 감정에 묶여 있지 않고, 의미를 찾을 때 배움이 일어납니다.

③ 낯선 나를 마주할 때

우리는 누구나 '맹점'을 가지고 있습니다. 일할 때 우리는 주로 익숙한 방식과 강점에 의존하지만, 그 속에 무의식적 판단이나 감정 반응이 반복되기도 합니다. 이때 성찰은 내가 자주 놓치는 패턴을 점검할 기회를 제공합니다.

성찰을 돕는 도구, AAR

성찰에도 도구가 필요합니다. 특히 반복되는 업무 속에서 학습을 일의 일부로 만들고자 할 때 'AAR(After Action Review)'은 가장 실용적이고 반복 가능한 방식입니다. AAR은 미군이 전투 경험 이후 학습을 위해 개발한 성찰 도구로 '무엇을 의도했는가?(목표)', '실제로는 무슨 일이 일어났는가?(사실)', '무엇이 잘됐고 무엇이 아쉬웠는가?(분석)', '다음에는 무엇을 다르게 할 것인가?(대안 설계)'의 질문으로 구성됩니다. 이 네 가지 질문은 사고의 전환, 감정의 인식, 의미 구성, 행동 조정이라는 성찰의 기본 요소를 모두 포함합니다.

예를 들어, 중요한 피드백 대화를 나누었습니다. 그러나 생각처럼 흘러가지 않았습니다. 상대의 반응이 예상과 달랐고 나도 당황했습니다. 이 상황에 AAR을 적용해 봅시다.

① 무엇을 의도했는가?

나는 상대의 발전을 돕고 싶었다. 구체적인 피드백으로 다음 프로젝트에서 더 나은 결과를 내도록 하고 싶었다. 관계도 유지하고 싶었다.

② 실제로는 무슨 일이 일어났는가?

피드백을 전달했을 때 상대는 고개를 끄덕였지만, 표정이 굳었다. 내가 "이 부분은 개선이 필요해 보여요"라고 말했을 때, 상대는 "네, 알 겠습니다"라고만 짧게 대답한 뒤 빨리 자리를 떴다. 나에게 불편함이 남았다.

③ 무엇이 잘됐고 무엇이 아쉬웠는가?

잘된 점은 '구체적인 사실을 들어 피드백한 것', '감정적으로 흥분하지 않은 것'이다. 아쉬운 점은 '상대에게 일의 맥락을 묻지 않은 것', '내 의도를 충분히 설명하지 않은 것', '개선이 필요하다는 말이 평가처럼 들렸을 수 있다는 것', '상대의 반응을 확인하지 않고 일방적으로 말한 것'이다.

④ 다음에는 무엇을 다르게 할 것인가?

"이번 프로젝트 어떠셨어요? 어떤 점이 어려우셨나요?"라는 질문으로 피드백 주기 전에 상대의 의견을 들을 것이다. 그리고 "제가 이 이야기를 드리는 건 지적하려는 게 아니라, 다음에 더 잘할 방법을 함께 찾고 싶어서예요"라는 말로 의도를 명확히 밝힐 것이다.

또한, "제가 본 건 이런 부분이었는데, 어떻게 생각하세요?"라는 질문으로 평가 언어 대신 관찰 언어를 사용하고, 중간중간 "제 말이 어떻게 들리시나요?"라는 말로 상대의 반응을 확인할 것이다.

성찰의 태도

성찰할 때 우리는 자기 비난, 자기변명, 자기수용 세 가지 태도 중 하나를 보입니다.

① 자기 비난

"내가 또 그랬어. 나는 항상 이게 문제야"라고 반응하는 것입니다. 이런 자기 비난은 쉽게 자기 부정으로 이어지고, 결국 자신을 신뢰할 수 없게 합니다. 감정 조절 없이 자신을 몰아세우는 형태이며, 장기적으로는 회피나 방어적 대응을 유발합니다.

② 자기변명

"상대가 방어적으로 나왔잖아. 내 잘못이 아니야"라고 반응하는 것입니다. 이런 자기변명은 타인에게 책임을 돌립니다. 내 마음은 편해질지 모르지만, 배움은 남지 않습니다. 이 방식은 반복되는 패턴을 강화하며 나의 행동을 바꾸기 어렵게 만듭니다.

③ 자기수용

"그 상황에서 나는 최선을 다했지만, 다음엔 어떻게 준비해야 더 나을까?"라고 반응하는 것입니다. 이런 자기수용은 단순히 자기 자신을 위로하는 태도가 아니라 현실을 정확히 바라보는 용기에서 출발합니다.

자기수용에는 두 가지 핵심 단계가 있습니다. 인정과 배움입니다.

인정은 자신의 감정과 상태를 있는 그대로 바라보는 것입니다. "피드백을 줄 때 긴장했고, 상대의 반응이 냉담해 보였을 때 당황했다. 그게 속상했다"라고 말할 수 있습니다. 배움은 그 경험으로부터 내가 무엇을 배웠는지 체계적으로 돌아보고, 어떻게 다르게 행동할지를 스스로 결정하는 것입니다. 이 부분에서 AAR이 도움이 됩니다.

성찰에 피드백이 필요한 이유

성찰에도 피드백이 필요합니다. 우리는 나 자신을 부분적으로만 볼 수 있습니다. 내 감정과 의도는 잘 알지만, 그것이 상대에게 어떻게 전달되었는지는 알 수 없습니다. 이는 자기 인식(self-awareness)의 한계를 의미합니다.

혼자 하는 성찰은 자기 회로에 갇히기 쉽습니다. 내 해석만으로 되풀이하다 보면, 오히려 기존의 생각이 강화될 수 있습니다. 그러나 타인의 피드백은 나의 행동을 재조명할 수 있는 도구가 되어 주고, 나의 사고 루틴을 흔드는 자극제이자 거울이 되어 줍니다. 또한, 피드백은 다음 행동을 설계하는 기준이 됩니다. 성찰은 멈춤이 아니라 다음을 위한 전환입니다. 피드백은 나의 행동이 실제로 어떤 영향을 미쳤는지를 점검하게 하고, 다음 시도에 대한 구체적인 기대와 자신감을 형성합니다.

기본기의 순환

알아차림, 질문, 성찰이라는 세 가지 기본기는 대화의 전중후, 전 단계에 걸쳐 작동합니다. 대화 전의 알아차림은 나의 감정, 대화의 목적을 인식하게 합니다. 나 자신에게 대화의 목적과 방향을 물음으로써 대화의 목적을 정리합니다. 대화 중의 알아차림은 실시간으로 나의 반응을 관찰하게 합니다. 이는 연습을 통해 숙달할 수 있습니다. 대화 후에는 성찰이 필요합니다. AAR로 지난 대화를 복기하고 경험으로 전환합니다.

· 대화 전 (준비)

알아차림	나의 상태를 점검합니다.	지금 내 감정은 어떤가? / 어떤 목적으로 이 대화를 하려 하는가?
질문	대화의 목적과 방향을 나 자신에게 묻습니다.	이 대화에서 내가 정말 알고 싶은 것은 무엇인가?

· 대화 중 (실행)

알아차림	나의 반응을 실시간으로 관찰합니다.	지금 방어하고 싶은 마음이 드는구나. / 나는 이 상황을 경계하고 있구나.
질문	확신 대신 호기심으로 묻습니다.	제가 이해한 게 맞을까요?

· 대화 후 (성찰)

성찰	AAR로 경험을 배움으로 전환합니다.	무엇이 잘됐고, 무엇이 아쉬웠는가?
질문	다음을 준비하는 질문을 던집니다.	다음에는 무엇을 다르게 할 것인가?

이 순환이 반복될 때, 우리의 대화 역량은 조금씩 성장합니다. 그리고 이 성장은 개인에 머물지 않습니다. 팀 전체가 함께 성찰할 때 집단적 학습이 일어나고 '우리 팀은 이런 팀이다'라는 정체성이 만들어집니다.

기본기가 만드는 차이

알아차림, 질문, 성찰은 '서로 배우는 대화'의 기본기입니다. 알아차림이 없으면 본능에 휩쓸려 자동 반응하게 됩니다. 질문이 없으면 추측과 판단으로 대화가 닫힙니다. 성찰이 없으면 경험이 배움으로 전환되지 않습니다. 하지만 알아차림이 작동하면 본능을 넘어서는 멈춤이 생깁니다. 호기심 있는 질문은 대화를 열고, 성찰은 배움이 되어 다음을 잇습니다.

알아차림은 기술이 아니라 의식적인 연습을 통해 만들어지는 습관입니다. 질문은 정보를 얻기 위한 수단이 아니라 관계를 이어가는 일입니다. 성찰은 회고가 아니라 다음을 여는 준비입니다. 이 세 가지 기본기가 작동할 때 우리는 본능을 넘어서는 대화를 할 수 있습니다. 이것이 대화의 태도입니다.

하지만 태도만으로는 충분하지 않습니다. 실제 대화에서는 여전히 '그래서 구체적으로 무엇을 말해야 하지?', '말 속에 어떤 요소들을 담아야 하지?' 하는 질문 앞에 서게 됩니다. 이 질문에 답하기 위해 다음 파트를 통해 말의 구성요소를 살펴봅니다. 대화의 기본기가 대화의 태도를 만든다면, 말의 구성요소는 대화의 형태를 만듭니다.

PART 2

말의 구성요소:
사실 말, 생각 말, 마음 말, 기대 말

질문을 던지고, 알아차리고, 깊이 성찰했다면 이제 중요한 다음 걸음이 남습니다. 바로 '어떻게 말로 표현할 것인가'입니다. 대화는 결국 말로 이루어지지만, 말은 생각보다 훨씬 복잡한 구조를 가지고 있습니다. 그래서 말의 겉과 속, 말하는 의도와 듣는 해석은 언제나 어긋날 수 있습니다.

말의 구성요소

우리는 매일 수많은 말을 주고받습니다. 그런데 그 말들이 어떻게 구성되어 있는지 의식해 본 적이 있나요? 어떤 말은 정중하게 들리지만 왠지 불편하고, 어떤 말은 아무렇지 않게 들리지만 마음에 오래 남습니다. 그 이유는 말이 단순한 정보 전달이 아니기 때문입니다. 말에는 언제나 우리의 사실, 생각, 감정, 기대가 함께 섞여 있습니다.

이 보이지 않는 요소들을 살펴보지 않으면, 말은 명확해 보여도 마음은 서로 다르게 해석됩니다. 이제 우리가 하는 말을 이 네 가지 구성요소로 나누어 바라보려 합니다. 바로 사실 말, 생각 말, 마음 말, 기대 말입니다.

① 사실 말: 함께 확인할 수 있는 말

사실 말은 관찰된 사실과 확인 가능한 정보를 담고 있는 말입니다. 이야기의 출발점이며 서로가 공유할 수 있는 공통의 기반이 됩니다. "회의는 10시에 시작했어요", "이틀 동안 연락이 없었어요" 같은 말은 모두 사실 말입니다. 그런데 우리는 종종 해석이나 평가를 사실처럼 말하고는 합니다. 예를 들어 "그 사람은 무책임해요"라는 말은 사실 말이 아니라 생각 말입니다. 오해는 사실 말과 생각 말이 섞일 때 시작됩니다. 사실은 모두가 확인할 수 있지만, 생각은 각자 다르기 때문입니다. 그래서 사실 말과 생각 말을 구분하는 것이 중요합니다.

② 생각 말: 나의 인식이 담긴 말

생각 말은 해석, 판단, 의견, 논리 등 나의 인식이 담긴 말입니다. 문제는 같은 사실도 바라보는 관점에 따라 말의 표현 방식이 달라진다는 것입니다. "그건 약속을 어긴 행동이에요", "이건 비효율적이에요"라는 말은 사실 말처럼 보이지만 생각 말입니다. 이런 대화는 논쟁이나 반박으로 흘러가기 쉽습니다.

내 경험은 진실이지만 유일한 진실은 아닙니다. 내 생각은 내 생각일 뿐 누구에게나 사실인 것은 아닙니다.

③ 마음 말: 내가 느끼는 감정과 상태에 대한 말

마음 말은 감정과 정서를 담은 말입니다. 생각이나 해석 뒤에 따라오는 감정이기도 하고, 그 순간의 진짜 마음이기도 합니다. "조금 서운했어요", "이 상황이 반복될까 봐 불안해요"라는 말이 마음 말입니다.

하지만 마음 말은 자주 생략됩니다. 드러내기 어려워서 혹은 말해도 소용없을 것 같기 때문입니다. 그러나 감정을 숨기면 진심이 전달되지 않습니다. 말의 표면만 남고 관계의 온도는 식어갑니다. 우리는 역할로만 정의되지 않는, 감정과 욕구를 지닌 온전한 존재입니다. 마음 말은 바로 그 온전한 존재의 목소리입니다.

④ 기대 말: 내가 바라는 행동과 방식에 대한 말

기대 말은 말하는 사람이 바라는 변화나 행동의 방향성을 담은 말입니다. 상대에게 원하는 점이나 상대에게 요청하고 싶은 바를 표현합니다. "앞으로는 미리 알려 주셨으면 좋겠어요", "자주 소통하면 좋겠어요"라는 말은 기대 말입니다.

문제는 이런 기대 말이 종종 드러나지 않고, 생각 말이나 마음 말 뒤에 숨어 버린다는 점입니다. 예를 들어, "그건 좀 아닌 것 같아요"라며 불만만 표현하고, 원하는 바를 말하지 않으면 상대는 눈치만 보게 됩니다. "다음 회의부터는 전날 6시 전에 안건을 공유해 주시면 좋겠습니다"처럼 원하는 행동, 기준, 시점을 구체적으로 말하면 대화는 각자의 해석이 아니라 합의로 이어집니다.

네 가지 말의 구성요소는 각각 존재하는 게 아니라 하나의 흐름 속에 연결되어 있습니다. 사실이 있고, 그 사실에 관한 생각이 생기고, 생각이 어떤 감정을 불러일으키고, 감정 속에는 늘 기대가 숨어 있습니다. 심리학에서 말하는 '인지-정서-행동'의 흐름과도 비슷합니다. 우리는 관찰하고(사실), 그것을 해석하고(생각), 감정을 느끼고(마음), 무언가를 바라고(기대), 행동합니다.

또 네 가지 말의 구성요소는 말 안에 함께 들어 있기도 하고, 일부만 드러나기도 합니다. 우리가 해야 할 일은 이 말 속에 어떤 요소들이 담겨 있는지를 알아차리는 것입니다.

말이 섞이면 오해가 생깁니다. 나는 말을 잘한 것 같은데 상대는 화가 나 있거나 서운해한다면 말의 구성요소가 구분되지 않았기 때문일 가능성이 큽니다. 예를 들어, "그건 무책임한 행동이에요"라는 말은 판단(생각 말)이지만, 그 안에는 '나는 당신이 더 책임감 있게 행동하길 바란다'라는 기대가 숨어 있습니다. 그런데 기대를 말하지 않고 판단만 하면, 상대는 공격받는 기분이 듭니다. 네 가지 말의 구성요소를 구분하면 대화는 훨씬 명료하고 따뜻해집니다. 상대에게 방향을 제시하고, 공격이나 방어가 아닌 서로를 이해하는 대화가 됩니다. 사실 말은 공통의 출발점이 되고, 생각 말은 나의 관점을 드러내고, 마음 말은 관계를 느끼게 하고, 기대 말은 다음 행동의 방향을 보여 줍니다. 이렇게 말할 수 있습니다.

· 요즘 회의에 늦으시는 일이 종종 있었어요. (사실 말) / 그래서 저는 팀에 대한 책임감이 부족하다고 판단했어요. (생각 말) / 조금 서운하고 불안해요. (마음 말) / 앞으로는 정시에 시작하면 좋겠습니다. (기대 말)

말의 구성요소와 기본기의 만남

네 가지 말의 구성요소는 앞서 다룬 대화의 기본기와 함께 작동합니다. 대화의 전중후 단계마다 말의 구성요소를 점검하고 조율해 보세요.

· 대화 전: 말의 준비 단계

알아차림	내가 하려는 말이 사실, 생각, 마음, 기대 중 무엇인지 살펴봅니다.
질문	'말의 구성요소 중 무엇을 먼저 말해야 상대가 이해하기 쉬울까?'를 자신에게 묻습니다.

· 대화 중: 말의 실행 단계

알아차림	상대의 말이 어떤 요소로 이루어져 있는지 관찰합니다.
질문	"지금 말씀은 사실인가요, 생각인가요?" 하고 확인합니다.

· 대화 후: 성찰 단계

성찰	'말의 구성요소 중 무엇을 말했고 무엇을 숨겼는가?'를 돌아봅니다.
질문	'다음에는 어떤 말을 더 명확히 드러낼 것인가?'를 준비합니다.

말의 감각을 키우는 법

내가 어떤 말을 하고 있는지를 알아차리는 데는 훈련이 필요합니다. 하루에 한 번, 오늘의 중요한 대화를 떠올리며 네 가지 말의 구성요소

중 무엇을 말했고, 무엇을 숨겼는지 짧게 점검해 보세요. 그것만으로도 인식의 전환이 일어납니다. 의식하기 시작하면 말의 결이 바뀝니다. 그 말은 나를 드러내고 상대를 '서로 배우는 대화' 속으로 초대합니다.

	체크 항목
말하기 전	☐ 내가 지금 말하려는 사실은 무엇인가? ☐ 나는 어떻게 해석했는가? ☐ 나의 감정은 무엇인가? ☐ 내가 바라는 것은 무엇인가?
듣는 중	☐ 사실 말, 생각 말, 마음 말, 기대 말을 구분했는가?
대화 후 복기	☐ 기대를 숨기고 판단만 한 건 아닌가?

말의 구성요소, 언제 사용할 것인가?

의사가 청진기를 24시간 귀에 꽂고 다니지 않듯, 말의 구성요소도 필요한 순간에만 꺼내면 됩니다. 항상 구조를 의식하라는 뜻이 아니라, 중요한 대화일수록 구조를 의식하라는 뜻입니다. 특히 피드백을 주고받을 때 말의 구성요소는 강력하게 작동합니다. 말의 구조를 인식하는 순간 대화는 달라집니다. 말은 단순한 단어의 조합이 아닙니다. 그 안에는 내가 보고 있는 현실, 나의 해석, 나의 감정, 나의 바람이 들어 있습니다. 이 요소들을 인식하는 순간, 우리는 '말하는 사람'이 아니라 '이해를 함께 만들어가는 사람'이 됩니다.

5장

성장을 완성하는 피드백의 선순환

팀 다이얼로그의 완성, 피드백

피드백은 서로 배우는 대화가 가장 선명하게 드러나는 순간입니다. 우리는 피드백을 구할 때, 줄 때, 받을 때마다 선택의 기로에 섭니다. '본능대로 방어하고 판단할 것인가, 아니면 함께 배우는 대화로 나아갈 것인가' 하고 말이죠.

이 장에서는 피드백을 주고받는 구체적인 방법을 다룹니다. 그리고 앞서 익힌 기본기와 말의 구성요소가 어떻게 자연스럽게 녹아들어 배움의 순간을 만드는지 살펴봅니다.

구체적으로 Part 1에서는 피드백을 잘 구하는 법을 알아봅니다. 피드백을 구하기 전의 마음, 누구에게 언제, 어떻게 물어야 하는지, 그리고 그 질문 안에 어떤 태도와 언어가 담겨야 하는지를 살펴봅니다. 말 꺼내기가 망설여지는 사람, 어떻게 물어야 할지 막막한 사람에게 피드백을 서로 배우는 대화로 바꾸는 작은 연습이 될 것입니다. Part 2에서는 피드백 잘 주는 법을 알아봅니다. 말의 구성요소를 통해 과거를 돌아보고 미래를 설계할 것입니다. Part 3은 피드백 잘 받는 법입니다. 감정을 알아차리고 질문으로 전환하며 작은 실험으로 나아갈 것입니다. 이 구조는 피드백의 과정을 하나의 흐름으로 연결합니다. '묻고, 말하고, 받는 과정이 함께 순환할 때' 대화는 진짜 배움이 됩니다.

피드백 잘 구하기

"혹시 제가 잘하고 있는 건지 봐 주실 수 있을까요?" 이 말을 꺼내기까지 몇 번이나 망설였는지 모릅니다. 내가 부족해 보이지 않을까, 괜히 귀찮게 하는 건 아닐까 걱정이 됩니다. 슬쩍 '이 정도면 괜찮지 않나요?'라는 마음을 담아 확인받고 싶은 마음도 있습니다. 이처럼 피드백을 요청하는 마음은 단순하지 않습니다. 불안과 기대, 걱정과 바람이 한꺼번에 엉켜 있습니다. 그래서 많은 사람이 누군가 먼저 알아봐 주기를 기다립니다.

하지만 진짜 일 잘하는 사람은 '피드백을 받는 사람'이기 전에, '피드백을 구하는 사람'입니다. 팀원만의 이야기가 아닙니다. 진솔한 피드백을 구하는 리더의 한마디가 팀의 대화를 바꾸기도 합니다. 도움을 요청하는 건 포기가 아니라, 배우고 있다는 신호입니다.

피드백 구하기의 의미

피드백을 구하는 사람은 배우는 사람이 아니라, 일의 흐름과 관계를 주도하는 사람입니다. 피드백을 구하는 사람이 꼭 팀원일 필요는 없습니다. 리더도 먼저 묻는 사람이 될 수 있습니다.

리더가 구하는 피드백은 '서로 배우는 대화'가 가능한 팀을 만드는

데 핵심적인 역할을 합니다. "혹시 제가 요즘 회의를 일방적으로 끌고 있는 걸까요?", "지난 미팅에서 불편했던 순간이 있었다면 말해 줄 수 있을까요?"와 같은 질문은 상하 관계를 파괴하는 것이 아니라, 서로 배울 수 있는 동등한 관계로 발전시키는 시작점이 됩니다. 즉, 팀원들이 편하게 의견을 말할 수 있게 되고, 피드백을 주고받는 문화를 뿌리내리게 합니다.

회의가 끝난 뒤 문득 '아까 내가 너무 장황했나?', '괜히 기분 상하게 한 건 아닐까?' 하는 생각이 들 때가 있습니다. 그리고 대부분은 이런 순간을 곱씹으며 그냥 넘어갑니다. 피드백을 '누군가가 해 주는 것', '상대가 알아서 말해 주는 것'이라고 생각하기 때문입니다. 하지만 진솔한 피드백은 요청하지 않으면 오지 않는 게 현실입니다. 사람들은 내가 피드백을 원하고 있는지, 지금 말해도 괜찮은 분위기인지 확신하지 못합니다. 그래서 대화는 조용히 지나가고, 중요한 기회는 놓치게 됩니다.

그러나 "혹시 제가 놓친 게 있을까요?", "이 흐름이 어색하게 느껴지진 않았나요?" 하고 묻는다면, 멈춰 있던 일이 다시 움직입니다. 질문은 대화를 만들고, 대화는 문화를 바꿉니다. 피드백은 받는 일이 아니라, 요청하는 사람이 만들어내는 일입니다.

한 팀원이 프로젝트 초안을 공유하면서 업무용 메신저에 "설명이 조금 길어졌어요. 흐름이 어색하거나 불편했던 부분이 있으면 알려 주세요"라고 남겼습니다. 그 말에 동료가 답했습니다. "도입 부분이 살짝 헷갈렸어요. 중간에 요약을 넣으면 어떨까요?"

짧은 대화였지만, 이후 팀의 분위기는 달라졌습니다. 팀원 모두 가볍게 피드백을 구하며 의견을 묻고 답하게 되었습니다. 피드백 구하기가 부담스럽지 않게 된 것입니다.

많은 사람이 피드백을 '평가 때 하는 일' 정도로 여깁니다. 리더가 먼저 말해야 하고, 자리가 마련되어야 가능한 일처럼 느낍니다. 그래서 평소에는 괜히 말을 꺼내면 어색해질까 망설이죠. 이런 습관이 반복되면 피드백은 자연스러운 대화가 아니라, 결과를 통보받는 절차처럼 굳어집니다. 하지만 피드백은 기다리는 일이 아니라, 지금 이 순간에도 시작할 수 있는 대화입니다.

피드백을 구하는 것은 팀원만의 일이 아닙니다. 리더가 먼저 묻는 순간, 피드백은 절차가 아닌 문화가 됩니다. 인지심리학자 김경일 교수는 저서 『김경일의 지혜로운 인간생활』에서 "질문을 던지는 사람은 두려움을 이기고 앞으로 가는 사람이다"라고 말했습니다. 즉 피드백을 구한다는 건 내가 부족하다는 고백이 아니라, 내가 더 나아가고 싶다는 선언입니다. 효과적인 피드백은 상대방의 관점을 묻는 질문에서 시작됩니다. 먼저 물어보는 사람이 새로운 대화의 흐름을 만듭니다. 이제 그 '묻는 일'을 어떻게 설계할지 살펴보겠습니다.

피드백 구하기의 설계

우리는 종종 피드백이 필요한 순간을 맞닥뜨립니다. 방향이 맞는지,

흐름이 이상하진 않은지, 내 생각이 너무 앞선 건 아닌지 확인하고 싶은 때입니다. 하지만 막상 피드백을 구하려고 하면 입이 떨어지지 않습니다. '지금 물어봐도 될까?', '괜히 방해하는 건 아닐까?', '그 사람이 나를 어떻게 볼까?' 싶은 마음이 듭니다.

피드백을 구한다는 것은 단지 조언을 구하는 일이 아닙니다. 그 순간은 내 작업 방식 일부를 상대에게 보여 주고, 나의 부족한 점까지 드러내는 용기가 필요합니다. 그리고 누구에게, 언제, 어떤 방식으로 피드백을 구하느냐에 따라 대화의 질과 결과가 달라집니다. 지금부터 피드백을 구하기 전에 고려해야 할 요소인 '누구에게', '언제', '어떻게' 묻는지를 살펴보며, 피드백 요청을 설계하는 방법을 살펴보겠습니다.

누구에게 묻는가

피드백을 구하기 전, 우리는 '누가 나와 가까운가', '누가 나를 잘 알아줄 것인가'를 떠올립니다. 하지만 피드백은 감정을 다독이는 일이 아니라, 다양한 시선으로 나를 점검하는 일입니다. 그러므로 중요한 기준은 '이 사람이 이 문제를 어떤 관점으로 바라볼 수 있는가'가 되어야 합니다. 같은 기획안이라도 어떤 사람은 고객 관점에서, 어떤 사람은 조직 전략의 관점에서, 어떤 사람은 실행 가능성이나 위험 요소의 관점에서 바라봐 줄 수 있습니다.

그래서 피드백은 결국 '질문의 관점을 어떻게 설계하는가'의 문제입니다. 예를 들어, 전략적 방향이 궁금하다면 큰 흐름을 보는 사람이 필요합니다. 사용자 경험이 궁금하다면 고객과 가까운 사람에게, 현장 피드백이 중요하다면 실무자에게 물어야 하죠. 때로는 전혀 관련 없어 보이는 외부자의 관점이 시야를 열어 주기도 합니다.

피드백은 정보를 얻는 일이 아니라, 시선을 빌리는 일입니다. 그래서 피드백을 잘 구한다는 것은 곧, 다양한 관점을 설계해서 배우는 대화의 무대로 사람들을 초대하는 일입니다. 질문을 설계하기 전에 이렇게 물어 보면 좋습니다.

· 이 사람은 어떤 관점으로 이 문제를 볼 수 있을까?
· 누구의 관점으로 이 문제를 봐야 시야가 확장될 수 있을까?

관계를 넘어서 관점을 설계하는 순간, 우리는 배움을 위한 대화를 스스로 설계하는 사람이 됩니다.

언제 묻는가

같은 질문도 때를 놓치면 방해가 됩니다. 시기를 놓친 질문은 이미 끝난 노래에 박수를 보내는 것처럼 상대방을 당황하게 하고, 대화를 어색하게 합니다. 반대로 적절한 순간, 흐름을 타고 들어가는 질문은 피드백을 자연스럽게 이어지게 하고, 관계를 단단하게 만듭니다.

피드백 요청의 타이밍은 보통 기획 초기, 일의 진행 중, 일의 마무리 단계의 흐름 속에 놓입니다.

기획 초기는 일의 방향이 완전히 정해지지 않은 때입니다. 이 시기의 피드백은 질문의 정렬과 시야 확장에 유리합니다. "이 아이디어는 큰 흐름에서 보았을 때 어떤 가능성이 있을까요?"라는 질문이 필요합니다.

일이 진행 중일 때는 방향은 잡혔으나 흔들릴 수 있는 때입니다. 이 시기의 질문은 조율과 보완에 효과적입니다. "지금 이 방식에서 현실적으로 걸리는 부분은 없을까요?"를 물을 수 있습니다.

일의 마무리 단계는 많은 것을 쏟아부은 뒤 마지막 점검이 필요한 때입니다. 이 시기의 질문은 리스크를 예방하고 일의 완성도를 높이기에 적절합니다. "이 안을 반대하는 입장에서 본다면 어느 부분이 위험할까요?"라는 질문을 할 수 있습니다.

질문하는 사람은 적절한 시기를 판단할 줄 알아야 합니다. 같은 질문도 잘못된 타이밍에는 거부감을 유발합니다. 반면 적절한 타이밍에 던진 질문은 피드백 요청을 넘어서, 함께 이 문제를 고민해 보자는 협력의 제안이 됩니다.

어떻게 묻는가

누구에게 언제 묻는가가 피드백의 환경을 결정한다면, '어떻게' 묻는가는 피드백의 깊이를 결정합니다. 요청이 모호하면 대답이 모호해지고, 요청이 부담스러우면 상대방은 입을 다물어버립니다. 그래서 피드백을 요청하는 말은 즉흥적인 기술이 아니라, 신중한 설계의 결과여야 합니다.

이때 도움이 되는 도구가 있습니다. 디즈니에서 창의성 계발 담당 이미지니어들이 사용하는 '이미지니어링(Imagineering)'입니다. 이들은 하나의 아이디어를 검토할 때 세 가지 관점을 의도적으로 분리하여 순서대로 살핍니다.

첫 번째 관점은 '몽상가(Dreamer)'입니다. 가능성과 장점을 보는 시선입니다. 두 번째 관점은 '현실주의자(Realist)'입니다. 실행 가능성과 구체적 과제를 따지는 시선입니다. 세 번째 관점은 '비판가(Critic)'입니다. 실패 가능성과 리스크를 상상하는 시선입니다.

이 세 가지 관점은 피드백 요청에도 그대로 적용할 수 있습니다. 단, 중요한 전제가 하나 있습니다. 질문할 때, "이 관점으로 답해 달라"라고 요청해야 한다는 것입니다. 질문에 구체적인 관점이 담기면 무엇을 말해야 하는지가 명확해집니다. 피드백의 방향과 분위기를 미리 설계해야 합니다.

이미지니어링을 적용한 피드백 설계 방법

피드백을 요청할 때, "이 기획안에 대해 피드백해 주실 수 있을까요?"라는 질문으로는 부족합니다. 같은 내용이어도 무엇을 먼저 묻는지, 어떤 시선으로 접근하는지에 따라 대화의 질이 완전히 달라지기 때문입니다. 디즈니의 이미지니어링 방식은 피드백 설계에 훌륭한 구조를 제공합니다. 각각의 관점에서, 어떤 질문이 대화를 어떻게 바꿔 주는지 살펴보겠습니다.

① 몽상가 관점: 심리적 안전감에서 출발하는 질문

긍정적인 답변을 요구하는 질문은 작은 가능성을 발견하려는 시선을 열어 줍니다. 말문이 열리는 순서는 항상 안전감, 구체화, 위험 감수입니다.

- 이 기획안에서 좋은 점이 한 가지라도 있다면 무엇일까요?
- 제 리더십에서 긍정적인 면이 하나라도 있다면 무엇일까요?

② 현실주의자 관점: 실행을 위한 질문

실행 관점의 질문은 추상에서 구체로 이끄는 언어입니다. 현실을 예측하면 대화는 실행으로 연결됩니다.

- 좋은 아이디어라 하더라도, 현실에서는 어떤 점이 걸릴까요?
- 실제로 해 보려면 어떤 부분을 조정해야 할까요?

③ 비판가 관점: 리스크를 탐색하는 질문

비판을 요청하는 질문에는 심리적 방패막이가 있어야 합니다. "제겐 비판적인 답변이 큰 도움이 됩니다"라는 말 한마디가 진짜 피드백의 문을 엽니다.

- 이 기획안이 실패한다면 무엇 때문일까요?
- 제가 팀원들에게 불편함을 주었다면 어떤 부분 때문일까요?

하나의 피드백 상황에 몽상가, 현실주의자, 비판가 관점의 질문을 차례로 적용하면 가능성을 묻고, 현실을 점검하고, 리스크를 줄이는 흐름이 만들어집니다. 정리하면 다음과 같습니다.

순서	흐름	질문
1	가능성 묻기	"괜찮은 점이 하나라도 있다면 무엇일까?"
2	현실 점검하기	"실제로 해 보면 어떤 점이 힘들까?"
3	리스크 줄이기	"위험 요소와 약점은 무엇일까?"

이 순서에는 심리적인 이유가 있습니다. 에이미 에드먼슨의 말에 따르면, '심리적 안전감'은 팀 내 학습과 실행을 촉진한다고 합니다. 즉, 비판을 받아들이려면 '이야기해도 괜찮다'라는 안정감이 선행되어야 한다는 것이죠. 사람은 안전하다고 느낄 때 구체화하고 비판을 수용할 수 있습니다. 그래서 '긍정-현실-비판' 순서가 효과적인 것입니다.

몽상가의 긍정적 질문은 말문을 여는 데 필수적이고, 현실주의자의 구체화 질문은 실행이라는 공통의 기준을 만들고, 비판가의 리스크 탐색 질문은 안전한 대화 틀 안에서 반대 의견도 수용할 수 있도록 해 줍니다. 그리고 세 가지 질문을 꼭 한 사람에게 하지 않아도 됩니다. 각 관점을 잘 수행할 수 있는 사람에게 하면 됩니다. '누구'를 다르게 정하는 설계도 가능합니다.

· 긍정적인 관점으로 강점을 잘 발견하는 동료

· 현실을 조곤조곤 잘 짚어 주는 실행 중심 선임자
· 예리한 시선으로 비판적 관점을 제공하는 외부 조언자

물론, 세 가지 관점을 한 사람에게 직접 요청하는 것도 방법입니다.

· 긍정적인 관점으로 이야기해 주실 수 있을까요?
· 현실적으로 실행하려면 어떤 점이 걸릴까요?
· 비판적 관점으로 편하게 말씀해 주셔도 괜찮습니다.

피드백 구하기는 용기 있는 행동으로만 완성되지 않습니다. 관점을 설계할 때 비로소 대화의 문이 열립니다. 질문은 정보를 끌어내는 기술이 아니라, 상대가 안전하게 이야기할 수 있는 공간을 준비하는 것입니다. 질문을 신중하게 설계하는 순간, 우리는 단순히 대화의 흐름만이 아니라 상대방과의 관계가 어떤 방향으로 발전할지 까지 주도적으로 이끌어가는 사람이 됩니다.

피드백 잘 주기

말 잘하기보다 피드백 잘 주기가 더 어려운 이유는 무엇일까요?

동료의 발표나 보고서를 괜찮다고 생각하지만, 무엇이 좋았고 어떤 부분을 개선하면 더 좋을지를 말로 표현하는 건 쉽지 않습니다. 나아가 그것을 솔직하게 전달하는 일은 너무 부담스럽습니다. 그래서 많은 사람이 피드백을 '가능하면 피하고 싶은 일'로 여깁니다. 관계가 어색해질까 봐, 상대가 상처받을까 봐 두려운 것입니다. 그러나 피드백은 상대를 공격하지 않으면서 성장 가능성을 보여 주는 대화의 기술입니다. 발견에서 시작되는 배움, 해석과 조율에서 시작되는 변화의 중심에는 피드백이 있습니다. 잘 주고 잘 받은 피드백이 다음을 가능하게 합니다.

피드백은 서로의 관점을 이해하게 하고, 더 나은 방향을 함께 고민하게 하며, 함께 실천할 수 있는 연결고리를 만듭니다. 그래서 결국 피드백은, "함께 잘해 보자"라는 말입니다.

이번 파트에서는 사람들이 피드백을 어렵게 느끼는 이유를 살펴보고, 서로 배우는 대화에서의 피드백의 역할, 그리고 피드백을 잘하기 위한 실질적 방법과 사례를 살펴봅니다.

우리는 왜 피드백을 어려워할까?

많은 사람이 피드백의 중요성을 알면서도 피드백 주고받는 일을 부담스러워합니다. 기술이 부족해서라기보다 심리적·관계적 장벽이 깊이 자리하고 있기 때문입니다.

사람들이 피드백을 회피하거나 주저하는 대표적인 이유는 다음과 같습니다.

① 어떻게 말해야 할지 몰라서

"하고 싶은 말은 있는데, 어떻게 말해야 할지 모르겠어요"

교육이나 코칭 현장에서 자주 듣는 이야기입니다. 피드백은 상대방의 행동, 의도, 감정, 기대 사이를 섬세하게 다루어야 하므로 말의 구조와 순서가 중요합니다. 하지만 이를 제대로 배운 적이 없는 사람들 대부분이 막상 입을 떼려 하면 애매하게 돌려 말하거나, 아예 말을 삼킵니다.

② 관계가 틀어질까 두려워서

'괜히 말했다가 오해받으면 어떡하지?'

피드백 시작조차 하지 못하는 가장 큰 이유입니다. 특히 조화를 중시하는 문화에서는 조언보다 침묵을 선택하기 쉽습니다. 상대가 지적이나 비난으로 느낄 수 있기 때문입니다. 피드백이 오해와 거리감을 만드는 원인이 될까 봐 망설이게 됩니다.

③ 상대가 받아들이지 않을까 봐

'아무리 좋은 말을 해도 안 들을 텐데…'

피드백은 쌍방향이어야 하지만, 실제로는 한쪽이 말하고 다른 쪽은 방어적으로 반응하는 경우가 많습니다. 특히 동료나 상사에게 피드백해야 할 때, 괜히 말했다가 분위기만 흐릴까 봐 망설이게 됩니다. 피드백을 받아들일 준비가 되지 않은 상대에게 말하는 일은 곧 '거절당할 위험을 감수하는 일'처럼 느껴지기도 합니다.

④ 나도 완벽하지 않다는 생각 때문에

"나도 못하면서 어떻게 남한테 뭐라고 해요?"

피드백하려는 순간, 자신이 완벽하지 않다는 사실이 부담으로 다가옵니다. 하지만 피드백은 잘난 사람만 하는 것이 아닙니다. 피드백은 함께 더 잘해 보자는 제안이지, '당신은 부족하다'라는 선언이 아닙니다. 완벽하지 않기 때문에 오히려 더 겸손하게, 상대와 함께 성장할 기회를 만들 수 있습니다.

피드백이 어려운 이유는 결국 두려움 때문입니다. 기술적 어려움도 있지만, 더 큰 것은 관계가 틀어질까 봐, 상대가 거부할까 봐 두려운 마음입니다. 이 두려움의 실체를 들여다보고 그것을 넘어설 언어와 태도를 익히는 것이 필요합니다.

왜 피드백이 '서로 배우는 대화'인가?

피드백의 두려움을 넘어서려면 관점을 전환해야 합니다. 피드백을 지적이 아닌 배움의 기회로, 평가가 아닌 성장의 대화로 바라보는 것입니다.

① 피드백은 배움의 통로다

많은 사람이 피드백을 '내가 너보다 더 잘 알아서 해 주는 말'로 오해합니다. 그러나 피드백은 다른 사람을 평가하는 것이 아닙니다. 상대의 관점을 이해하고, 나의 관점을 나누며, 함께 더 나은 길을 모색하는 '공동 탐색'의 대화입니다.

또한, 피드백은 정답을 알려 주는 일이 아니라, 가능성을 함께 찾는 일입니다. "그건 틀렸어"가 아니라, "이렇게 볼 수도 있지 않을까?"를 묻는 대화입니다. 질문은 단순한 제안이 아니라, "당신과 나는 더 나아질 수 있어요"라는 학습적 신뢰의 표현입니다.

② 피드백은 상대의 가능성을 믿는 대화다

교육학자 파울로 프레이리(Paulo Freire)는 "교육은 인간이 세계를 바꿀 수 있다는 믿음에서 시작된다"라고 말했습니다. 피드백도 마찬가지입니다. 피드백의 전제 조건은 '사람은 완성된 존재가 아니라 학습하는 존재'라는 것입니다. 상대를 배우고 성장하고 변화할 수 있는 주체로 보지 않으면, 피드백은 통제나 훈계에 머물게 됩니다.

피드백은 말 그대로 관계 안에서의 '작은 학습'입니다. 믿음 없는 피드백은 간섭이지만, 가능성을 전제로 한 피드백은 배움의 시작입니다.

③ 피드백은 해석을 조율하는 대화다

서로 배우는 대화는 대화를 '의미를 함께 해석하고 조율하는 과정'으로 봅니다. 피드백도 마찬가지입니다. "이게 맞아, 이건 틀렸어"가 아니라 "내가 본 관점은 이런데, 네 관점은 어땠어?"라고 물을 수 있어야 합니다. 피드백은 지시가 아니라 해석의 제안입니다. 피드백은 침묵이 아니라 관계 속에서 의미를 나누는 시도입니다.

좋은 피드백이 오갈 때 우리는 서로 연결되고 확장됩니다. 이것이 '서로 배우는 대화'가 실현되는 방식입니다. 좋은 피드백은 정답을 주는 것이 아니라, 관계를 열고 가능성을 찾는 것입니다. '너를 고치겠다'가 아니라, '우리 함께 더 잘해 보자'라는 초대인 것이지요. 서로 배우는 대화가 지향하는 본질적 태도이기도 합니다.

진솔함이 담긴 피드백 단계

피드백이 중요하다는 걸 알지만, '어디서부터 말해야 하지?', '이 얘기를 꺼내도 괜찮을까?', '기분 상하지 않게 말하려면 어떻게 해야 하지?' 등의 생각으로 막막해집니다. 그래서 필요한 것이 감정의 부담을 줄이면서 행동으로 옮길 수 있는 '단계'입니다.

이번에는 피드백을 진솔하고 효과적으로 전달하기 위한 피드백의 단계를 살펴봅니다. 이 단계는 '인정, 현실 공유, 공동 탐색, 기대'의 순서로 관계의 안전함에서 시작해 현실을 공유하고, 함께 방향을 찾고, 신뢰로 마무리합니다. 그리고 이 단계에는 앞서 살핀 대화의 기본기인 사실 말, 생각 말, 마음 말, 기대 말이 자연스럽게 녹아 있습니다.

① 인정: 마음의 문을 여는 말

피드백의 첫 문장은 마음을 여는 말이어야 합니다. 무엇을 말하느냐보다 어떤 마음으로 시작하느냐가 중요합니다. 그래서 첫 단계는 의도와 노력을 보는 것입니다. 누구나 일하면서 실수하거나 부족한 면을 보입니다. 그러나 그 안에는 시도와 의지도 있습니다. 그 마음을 알아주는 말은 상대의 경계심을 낮추고 '이야기해도 괜찮다'라는 심리적 안전감을 만들어 줍니다.

인정의 언어에서는 잘잘못을 따지기보다 일을 해내려 했던 마음을 먼저 보아야 합니다. 그리고 노력과 과정, 시도의 흔적을 구체적으로 말합니다.

좋은 표현

· 이번 프로젝트 쉽지 않았는데 끝까지 해낸 점이 인상 깊었어요.
· 처음 해 보는 일인데 책임감 있게 마무리한 모습이 좋았어요.

· 그래도 열심히 했으니까요. (형식적 인정)

· 나쁘지 않았어요. (애매한 표현)

인정은 알아차림의 실천입니다. "당신이 어떤 노력을 했는지 알고 있다"라는 말은 깊은 신뢰감의 표현입니다.

② 현실 공유: 함께 현재를 살펴보는 말

마음을 열었다면 이제 같은 곳을 바라볼 차례입니다. 이 단계에서 중요한 것은 판단이 아니라 '공유'입니다. 함께 배움의 출발점을 찾는 과정입니다. 사람은 평가 앞에서 쉽게 긴장합니다. 그러므로 평가의 관점보다는 '현실을 함께 본다'라는 관점이 필요합니다. 목표와 현실의 차이를 사실에 근거해 함께 점검하는 것입니다.

현실을 공유하는 언어에서는 느낌이 아니라 관찰된 사실을 말해야 합니다. 그리고 목표, 기준, 기대와 현재 상태의 차이를 함께 확인합니다.

· 이번 만족도 점수는 100점 만점에 78점이었어요. 우리가 목표한 90점에는 조금 못 미쳤죠.

· 세 번 연속 보고서 제출 마감일을 넘겼어요. 일정 관리 부분을 점검해 볼 필요가 있겠어요.

· 이번에도 또 실패했네요. (단정적 판단)

· 늘 이런 식이에요. (일반화)

현실 공유는 사실 말을 사용합니다. 감정이나 해석을 덜어내고, 함께 볼 수 있는 데이터를 중심에 둬야 합니다. '지금 우리의 위치'를 인식하는 것이 배움의 출발점입니다.

③ 공동 탐색: 방향을 발견하는 말

현실을 공유했다면 이제 함께 탐색으로 나아갈 차례입니다. 탐색에는 서로의 관점을 나누며 길을 찾아가는 대화가 필요합니다. 하버드 교육대학원 더글러스 스톤(Douglas Stone)은 『대화의 심리학』에서 "좋은 피드백은 답을 주는 대화가 아니라, 함께 더 나은 해석을 찾아가는 대화"라고 말했습니다. 질문은 상대를 움직이게 하는 지시가 아니라, 우리가 더 나은 방법을 모색하게 하는 촉진제입니다.

공동 탐색의 언어에서는 '어떻게 하면 좋을까'에 대해 공동으로 탐색하고, 필요하면 나의 생각을 제안하되, 여지를 남겨 두는 것이 좋습니다.

· 이 부분, 다른 접근도 가능할까요?

· 이 방향으로 가면 어떤 점이 더 나아질까요?

· 우리가 놓치고 있는 부분이 있을까요?

· 이렇게 하세요. (일방적 지시)

· 왜 이렇게 안 했어요? (비난형 질문)

공동 탐색은 '서로의 시야를 넓히는 질문'이 적절합니다. 누구의 판단이 옳은지를 따지는 대화가 아닌, 서로 배우는 대화가 이루어지는 순간입니다.

④ 기대: 신뢰와 실행을 연결하는 말

마지막 단계는 실행으로 이어지는 연결고리입니다. 기대는 단순한 요청이 아니라, 신뢰와 응원을 담은 제안입니다. 앞으로의 행동이나 변화 방향을 구체적으로 약속하고, 상대를 믿고 있다는 메시지를 전합니다. 내가 상대에게 바라는 것, 상대가 해낼 수 있을 거라는 믿음을 전하는 것입니다. 심리학자 앨버트 밴듀라(Albert Bandura)는 "기대와 신뢰가 개인의 행동 지속 동기를 강화한다"라고 말했습니다. 즉, '당신이라면 할 수 있다'라는 믿음은 지시보다 강한 동기 부여가 됩니다.

기대의 언어에서는 앞으로의 행동이나 변화 방향을 구체적으로 합의합니다. 그리고 상대에게 해낼 수 있다는 신뢰를 전하고, 응원의 문장으로 마무리합니다.

· 다음엔 초안을 마감 하루 전에 한 번 공유해 줄 수 있을까요?

· 이번 경험을 바탕으로 더 좋은 결과를 만들 수 있을 거라 믿어요.

· 필요하면 언제든 말씀하세요. 함께 만들어가요.

· 이번엔 꼭 잘해야 해요. (압박)
· 실망시키지 마세요. (부담 전가)

기대는 기대 말과 마음 말의 결합입니다. "당신을 믿는다"라는 한 문장은 피드백을 평가에서 '격려'로 바꿉니다.

피드백의 단계별 접근과 효과

단계	핵심 질문	대화 효과
인정	무엇을 시도했고 애썼는가?	심리적 안전감, 신뢰 형성
현실 공유	무엇이 기대와 달랐는가?	현재 상태 인식, 방향 정렬
공동 탐색	어떻게 달라질 수 있을까?	자율성 촉진, 실행 탐색
기대	무엇을 함께 약속할 수 있을까?	실행 유도, 정서적 지지

결국, 피드백을 잘한다는 것은 말을 예쁘게 하는 기술이 아닙니다. 상대의 가능성을 믿는 마음, 함께 더 나아지고자 하는 의도를 말로 표현하는 것입니다. 누군가가 당신에게 "이 부분에서 애쓴 게 느껴졌어요", "다음에는 어떤 방식이 좋을까요?", "기대하고 있어요. 필요하면 이야기해요" 하고 따뜻하게 피드백했던 순간을 떠올려 보세요. 그 말에 당신이 움직였다면, 당신도 이미 피드백의 힘을 알고 있는 사람입니다.

PART 3

피드백 잘 받기

이번 파트에서는 피드백이 왜 이렇게 아프게 느껴지는지를 살펴봅니다. 억울함, 서운함, 자괴감이 어떤 심리적 메커니즘에서 오는지 알아본 다음, 이 감정들을 질문으로 전환하는 구체적 방법을 다룹니다. 피드백 이후 나를 돌아보는 성찰 과정과 작은 실험을 통해 실제 변화로 이어가는 방법까지 함께 살펴보겠습니다.

피드백은 왜 이렇게 아픈가?

많은 사람이 "피드백 받는 것이 중요한 건 아는데, 왜 이렇게 싫을까요?"라고 합니다. 피드백을 잘 받아야 성장할 수 있다는 말은 새롭지 않습니다. 우리는 성과를 내고, 협업하고, 더 나은 사람이 되기 위해 피드백이 필요하다는 사실을 이미 잘 알고 있습니다. 그런데도 이상합니다. 정작 피드백을 받을 때면 기운이 빠지고, 억울하고, 서럽고, 가끔은 분노까지 치밀어 오릅니다. 다음 날 아침에도 그 말이 떠오르고, 멍하니 그 장면을 복기하며 '왜 그랬을까'를 되뇝니다. 왜일까요?

그것은 피드백에 논리보다 감정이 먼저 반응하기 때문입니다. 머리로 알아듣기 전에 몸과 마음이 먼저 예민하게 반응하는 것이지요. 예상하지 못한 자리에서, 준비가 되지 않은 타이밍에 들으면 더 그렇습니다.

“이 부분은 좀 부족했어요”라는 말을 들으면 일에 대한 피드백이 아니라 '나라는 사람을 평가하는 말'로 들리기도 합니다. '내가 잘못된 사람인가?', '날 믿지 않는 건가?', 혹은 '나랑 멀어지고 싶다는 신호가 아닐까?'라는 생각으로 이어지기도 하죠.

결국, 피드백 잘 받기는 나의 감정을 이해하는 것에서 시작합니다. 내 안에서 일어나는 감정을 아는 것이 중요합니다. 감정을 억누르거나 무시하는 것이 아니라, 그 감정이 무엇을 말해 주는지 들여다보는 것부터가 시작입니다.

일터에서 피드백 받는 일은, 업무를 평가받는 일이라기보다는 '내가 어떤 사람으로 보이고 싶은지', '무엇을 지키고 싶은지'와 맞닿아 있는 정서적 사건입니다. 그래서 피드백을 감정이라는 관문을 통과해 질문하고, 성찰하고, 변화하는 길로 이어지는 과정으로 보는 것입니다.

피드백을 잘 받는다는 것은 상대의 말을 그대로 받아들이는 수용력 이전에 그 말이 내 안에서 일으킨 감정을 정확히 들여다보는 용기에서 시작합니다. 피드백은 말로 오지만, 감정으로 받아들이게 됩니다. 그러므로 그 감정을 억누르지 않고, '나는 지금 무엇이 억울한가?', '이 말이 왜 나를 서운하게 하는가?' 같은 질문을 해 보면, 피드백은 상처에서 통찰로, 방어에서 배움으로 바뀔 수 있습니다.

피드백 저항의 세 가지 트리거

피드백이 아프게 느껴지는 건 그 말이 틀려서가 아닙니다. 우리는 종종 내 안의 어떤 민감한 지점이 건드려졌을 때 깊이 흔들립니다.

피드백은 말로 전달되지만, 우리는 그 말을 논리가 아니라 감정으로 해석합니다. 그리고 그 감정은 단순한 기분이 아니라 '나를 지키려는 심리적 장치'로 작동합니다. 이 감정은 언제, 어떤 방식으로 작동하는 걸까요?

억울함, 서운함, 자괴감은 어디에서 오는가?

『하버드 피드백의 기술』에서 하버드 로스쿨 협상 프로젝트의 연구자 더글러스 스톤과 쉴라 힌은 피드백을 받아들이기 어렵게 만드는 세 가지 심리적 트리거(trigger)를 제시합니다. 이 모델은 피드백을 받아들이기 어려운 이유를 구체적인 언어로 설명하는 데 매우 유용합니다.

① 진실성 트리거: "그건 틀렸어. 그런 일은 없었어"

진실성 트리거는 상대의 피드백이 '사실이 아니다'라고 느껴질 때 작동합니다. 우리는 누구나 내가 가진 정보와 해석을 기준으로 피드백을 판단합니다. 그래서 상대와 다른 정보나 관점을 가지고 있을 때 억울함이나 분노가 올라옵니다.

팀장이 "이번 프로젝트 진행이 늦어지고 있어요"라고 말합니다. 나는 중간에 클라이언트가 요구 사항을 세 번이나 바꿨고, 그때마다 팀장에게 보고했다는 사실을 알고 있습니다. 팀장이 일정 지연만 보고 있는 것 같아서 '외부 요인을 모르고 말씀하시는 건가? 내가 게을러서 늦어진 게 아닌데…'라는 억울함이 올라옵니다.

이렇게 서로 다른 정보를 바탕으로 상황을 해석할 때, 진실성 트리거가 작동합니다.

② 관계 트리거: "당신이 나한테 그렇게 말할 자격이 있나?"

관계 트리거는 누가 피드백하는지에 따라 감정적 반응이 달라질 때 작동합니다. 같은 말이라도, 말하는 사람에 따라 조언처럼 들릴 수도 있고 공격처럼 느껴질 수도 있습니다.

후배가 "이번 기획서는 좀 아쉬워요. 더 체계적으로 정리했으면 좋았을 텐데요"라고 말합니다. 같은 말을 상사나 선배가 했다면 조언으로 받아들였을 텐데, 후배가 말하니 '네가 나를 가르치려고?'라는 생각이 듭니다.

이렇게 피드백 내용보다 피드백 상대가 신경 쓰여서 방어적으로 반응하게 될 때, 관계 트리거가 작동합니다.

③ 정체성 트리거: "나는 쓸모없는 사람이야"

피드백이 나의 행동에 대한 조언이 아니라, 나라는 사람 자체를 부정하는 느낌이 들 때 작동합니다. 자존감이 낮아지거나, 자기 정체성에 금이 가는 듯한 감정을 동반합니다.

"당신은 팀워크가 부족해요"라는 피드백을 받았습니다. 나는 늘 동료들을 도우며 협조적으로 일해 왔다고 생각했기에 특정 상황에 대한 지적이 아니라 '나를 이기적이고 비협조적인 사람으로 보는구나'라는 자괴감으로 이어졌습니다.

특정 상황에 대한 지적이 아니라, '나다운 모습'을 근본적으로 흔드는 정체성 트리거로 작동한 것입니다.

이 세 가지 트리거는 복합적으로 작동하기도 합니다. 관계 트리거로 시작된 서운함이 진실성 트리거와 맞물리면서 억울함으로 변하거나, 정체성 트리거를 건드리며 깊은 자괴감을 주는 것입니다.

우리가 피드백 앞에서 흔들리는 이유는 이런 심리적 반응들이 나를 지키려는 생존 전략처럼 작동하기 때문입니다. 그러나 감정은 '배움의 지도'입니다. 억울함은 정보의 다름을 말해 주고, 서운함은 기대의 차이를 드러내고, 자괴감은 정체성에 대한 위협에서 비롯합니다. 이 감정들은 지켜야 했던 무언가가 흔들렸다는 신호입니다. 피드백이 우리를 흔들 때, 그 흔들림을 무시하거나 참는 대신 '지금 나의 반응은 어떤 감정에서 비롯한 것인가?'를 물어보는 것이 전환의 계기가 될 수 있습니다.

억울함, 서운함, 지괴감은 어떻게 배움이 되는가?

감정은 피드백 받기를 막지만, 나의 감정을 들여다보는 질문은 배움으로 전환하는 통로가 됩니다.

억울함, 서운함, 자괴감이 들 때 우리에게는 두 가지 선택지가 있습니다. 하나는 그 감정에 끙끙 앓으며 회피하는 것이고, 다른 하나는 그 감정을 질문으로 바꿔 상대와 대화하는 것입니다.

감정을 억누르거나 무시하는 대신, '이 감정은 무엇을 지키고 싶은 걸까?'라고 자기 자신에게 물어보세요. 그리고 그 답을 상대에게 질문으로 건네 보세요. 중요한 것은 어떻게 질문하느냐입니다. 따지는 듯한 질문은 관계를 닫고, 탐색하는 질문은 배움을 얻게 합니다.

- 그게 사실이라고 생각하세요?
- 그렇게 말할 자격이 있으신가요?
- 정확히 언제 그런 일이 있었죠?

이 질문은 검증적 질문, 혹은 감정이 실린 반격의 언어입니다. 이러한 질문은 피드백을 대화가 아니라 힘겨루기로 바꿉니다. 반면, 다음과 같은 탐색적 질문은 상대에게 안정감을 주어 대화를 다시 공감과 배움의 궤도에 되돌려 놓습니다.

- 그때 제가 어떻게 보였는지 궁금합니다.
- 혹시 그렇게 느끼신 배경을 들어 볼 수 있을까요?
- 그 상황에서 제가 놓친 게 있었다면 알려 주세요.

감정을 질문으로 바꾸는 방법

감정을 질문으로 바꿀 때는 단순히 "왜요?"라고 묻는 것보다는 내 감정을 솔직히 표현하면서 상대의 관점을 이해하려는 구조로 말하는 것이 효과적입니다.

우리는 말이 '사실 말, 생각 말, 마음 말, 기대 말'로 구성된다는 것을 배웠습니다. 그리고 질문할 때는 의도를 밝히고 질문하는 것이 중요하다고 배웠습니다. 피드백 받을 때도 이 원칙들이 적용됩니다. 내 감정을 솔직하게 표현하고, 이해하고자 하는 의도를 담아 질문하는 것이죠. 상황을 통해 감정을 질문으로 전환하는 흐름을 살펴보겠습니다.

① 억울함: 정보를 요청하는 질문으로 전환

팀장이 "이번 기획안은 준비가 부족했죠?"라고 말합니다. 이 말에 괜히 억울한 마음이 올라옵니다. 이런 상황에는 어떤 질문이 필요할까요? 억울함은 내가 가진 정보와 상대가 가진 정보의 차이에서 생깁니다. 서로 다른 기준이나 관점을 가지고 있을 수 있습니다. 이렇게 질문해 보세요.

· 충분히 준비한 것 같은데, 그렇게 말씀하시니 당황스럽습니다. (마음 말) / 팀장님께서 보시기에 어떤 부분이 부족했는지 알고 싶습니다. (기대 말) / 구체적으로 어떤 부분에서 그렇게 느끼셨나요? (사실 말)

이러한 질문은 서로 다른 관점을 이해하려는 자세로 정보의 간극을 좁힙니다. 이는 내 감정을 솔직하게 말하면서도 구체적인 정보를 요청함으로써 논쟁 대신 이해를 선택하게 합니다.

② 서운함: 기대를 점검하는 질문으로 전환

평소 친하게 지내던 팀 동료가 "그러게, 내가 말한 내용을 넣었으면 기획안이 보류되지 않았을 텐데요"라고 말합니다. 이 말에 '내가 얼마나 공들였는데. 친한 사이면서 어떻게 이렇게 말할 수 있지?'라는 서운한 마음이 듭니다. 서운함은 친밀한 관계에서 상대가 나의 상황과 노력을 잘 알고 있다고 기대했는데, 그렇지 않은 반응을 보일 때 생깁니다. 이렇게 질문해 보세요.

· 그런 말을 들으니 좀 서운하긴 하지만, (마음 말) / 어떤 부분에서 아쉬웠는지 알고 싶어요. (기대 말) / 어떤 내용을 말씀하신 건지 구체적으로 이야기해 주면 귀담아서 들을게요. (사실 말)

서운한 마음을 솔직하게 표현하면서도, 상대의 의도와 내가 놓친 부분을 이해하려는 자세를 보여 줍니다. 이는 숨겨진 기대를 인식하고 공유하며, 상처받은 감정을 설명하여 관계를 조율합니다.

③ 자괴감: 정체성과 행동을 분리하는 질문으로 전환

상사가 "요즘 책임감이 부족해 보여요"라고 말합니다. 이 말에 '나는 늘 책임감 있게 일해 왔는데 왜 책임감이 없다는 소리를 듣지?'라는 자괴감이 듭니다. 자괴감은 피드백을 '나 자체에 대한 평가'로 오해할 때 발생합니다. 이렇게 질문해 보세요.

· 그 말씀을 들으니 마음이 무겁습니다. (마음 말) / 그렇게 느끼시는 부분을 개선하고 싶은데, (기대 말) / 정확히 어떤 상황에서 그렇게 보이셨나요? (사실 말)

자기 비난에서 벗어나 피드백의 초점을 현실적으로 전환합니다. 이는 자괴감을 느꼈지만, 그것을 구체적인 행동 개선으로 연결하고자 하는 의지를 보여 줍니다.

④ 두려움: 가능성을 탐색하는 질문으로 전환

상사가 "다음 프로젝트는 네가 주도해 보면 좋겠어"라고 말합니다. 기대는 되지만 '내가 할 수 있을까? 실패하면 어떡하지?' 하는 두려운 마음이 듭니다. 두려움은 실패하면 안 된다는 부담에서 생깁니다. 이렇게 질문해 보세요.

· 중요한 프로젝트를 맡겨 주셔서 감사하지만, 솔직히 부담이 참 큽니다. (마음 말) / 그래도 잘 해내고 싶은데 (기대 말) / 어떤 점을 보고 저에게 맡기려고 하는지 말씀해 주실 수 있을까요? (사실 말)

두려움을 솔직하게 표현하면서 성장의 기회로 받아들이려는 자세를 보여 줍니다. 이는 변화가 아니라 탐색이라는 인식을 심어 주고, 심리적 안전을 확보합니다.

⑤ 혼란함: 시야를 넓히는 질문으로 전환

팀 동료가 "지금 보니 이 방식은 문제가 있어 보이는데요?"라고 말합니다. 이 말에 '지금까지 아무 말도 없다가 왜 마무리 시점에 저런 말을 하지? 뭐가 문제라는 거지?' 하며 혼란스럽고 당황스러운 마음이 듭니다. 혼란함은 피드백이 내가 가진 해석 틀에 들어오지 않을 때 생깁니다. 이럴 때는 새로운 시각에 대한 문을 여는, 용기 있는 질문이 필요합니다. 이렇게 질문해 보세요.

· 그 말을 들으니 좀 당황스럽긴 합니다만 (마음 말) / 지금이라도 제가 놓친 게 있다면 알고 싶습니다. (기대 말) / 구체적으로 어떤 점을 문제라고 느끼시나요? (사실 말)

기존 해석을 확장하고, 낯선 관점을 탐색할 준비를 하는 질문입니다. 이는 혼란스러운 마음을 인정하면서도 새로운 관점을 배우려는 열린 자세를 보여 줍니다.

감정진단 체크리스트

감정 반응	체크 항목
억울함	☐ 그건 사실이 아니라고 느꼈다. ☐ 나는 내 입장을 설명하고 싶다.
서운함	☐ 저 사람한테 이런 말을 들을 줄 몰랐다. ☐ 기대에 못 미친 느낌이 든다.
자괴감	☐ 나 자체를 부정당한 것 같다. ☐ '나는 항상 왜 이럴까' 하는 생각이 든다.
두려움	☐ 부담스럽다. ☐ 실패할까 봐 걱정된다.
혼란	☐ 말은 이해되는데 납득이 안 된다. ☐ 내가 뭘 잘못했는지 모르겠다.

질문에도 온도가 있습니다. 따뜻한 질문은 마음의 문을 열고, 감정과 방어의 언어를 넘어 관계와 배움의 언어로 전환합니다. 내 감정을 인식해 그에 맞는 질문으로 전환하는 법을 익혔다면, 이제 성찰을 거쳐 작은 실험으로 나아갈 때입니다.

성찰의 시간 갖기

피드백 받은 후에는 나를 돌아보는 시간, 즉 성찰의 시간이 필요합니다. 감정을 자각하고 질문으로 전환하는 연습을 해도 실제 대화에 바로 적용되지는 않기 때문입니다. 반응은 본능적이고, 감정은 즉각적이며 대화는 멈추지 않습니다. 또한, 피드백 받았다고 해서 바로 받아들일 수 있는 것도 아닙니다. 의미를 이해하지 못하기도 합니다. 그래서 혼자만의 조용한 성찰의 시간을 통해 그 피드백을 해석하고 소화하는 시간이 필요한 것입니다. 상대의 피드백이 내 안에서 어떤 감정을 일으켰는지, 왜 그런 반응이 나왔는지를 돌아보아야 지혜롭게 반응할 수 있습니다.

그러나 막상 성찰하려고 하면 무엇을 어떻게 돌아봐야 할지 몰라 막막한 마음이 들기 마련입니다. 성찰이란, 단순히 피드백을 되뇌는 것이 아니라, 내 감정에 이름을 붙이고 그 속에서 배움을 발견하는 것입니다.

성찰의 세 단계

1단계: 감정에 이름 붙이기

피드백을 받은 후에는 감정이 오래 남습니다. 모든 감정에는 고유의 목표가 있기 때문입니다. 무언가 지키고 싶은 것이 숨어 있는 것이죠. 예를 들어, 억울함에는 '사실을 바로잡고 싶은 마음'이 숨어 있습니다. 서운함에는 '관계를 확인하고 싶은 마음'이, 자괴감에는 '존재감을 지켜 주길 바라는 마음'이 숨어 있습니다. 이 목표를 제대로 이해하지 못하고 풀어내지 못하면 감정만 남습니다.

감정의 목표를 제대로 알려면 그 감정에 이름을 붙이는 것도 방법입니다. 심리학자들을 이 방법을 '감정 명명(emotional labeling)' 또는 '감정 명료성(emotional clarity)'이라고 부릅니다. 연구에 따르면, 감정에 정확한 이름을 붙일 수 있는 사람일수록 감정 조절 능력이 뛰어나고, 스트레스를 덜 받는다고 합니다.

그러므로 피드백 이후, '내가 느낀 감정이 무엇이었는가? 그 감정은 무엇을 지키고 싶었는가?'를 자문해 보는 것이 성찰의 첫 번째 단계입니다.

2단계: 배움 발견하기

감정을 인식한 뒤에는, 그 감정을 통해 무엇을 배울 수 있을지를 탐색해야 합니다. 이때 도움이 되는 도구가 바로 '4F 모델'입니다. 4F 모델은 교육학자 로저 그린어웨이(Roger Greenaway) 박사가 개발한 '역동적 리뷰(Active Reviewing)' 모델로, 경험을 체계적으로 되돌아보고 학습으로 연결하는 성찰 도구입니다.

4F 도구는 '사실(Facts), 감정(Feelings), 발견(Findings), 미래(Future)'를 복기하고 생각함으로써 성찰의 세 단계를 구조화할 수 있습니다. 구체적으로 사실 복기는 '어떤 일이 있었는가?'를 돌아보며, 관찰한 사실이나 상황, 피드백 내용을 객관적으로 정리하게 합니다. 감정 복기는 '그때 나는 무엇을 느꼈는가?'를 돌아보며, 그 상황에서 느낀 감정 반응을 인식하고 정리하게 합니다. 발견은 '그 감정이 나에게 무엇을 알려 주는가?'를 생각하며 감정이 해결하려는 목표가 무엇이었는지 또는 내가 지키고 싶었던 가치가 무엇인지 찾아보게 합니다. 미래는 '그렇다면 나는 무엇을 시도해 볼 수 있을까?'를 생각하며 배움을 바탕으로 작게라도 시도할 수 있는 아이디어를 도출하게 합니다.

AAR이 특정 사건이나 프로젝트 완료 후 체계적인 학습을 위한 도구라면, 4F는 복잡한 분석 없이도 감정을 정리하고 작은 실험으로 이어갈 수 있어 가볍게 피드백을 돌아보는 도구로 적합합니다.

4F의 네 가지 흐름을 어떻게 적용할 수 있을지 살펴볼까요? 어느 날, 프레젠테이션 발표를 한 뒤 팀장에게 다음과 같은 피드백을 받았습니다. "오늘 프레젠테이션에서 목소리가 너무 낮아서 뒤쪽에 앉아 있는 사람들에게 전달이 잘 안 됐어"

① 사실: 어떤 일이 있었는가?

팀장이 프레젠테이션에서 "목소리가 낮아 전달이 잘 안 됐다"라고 말했다. 실제로 최근 다른 회의에서도 목소리가 낮다는 말을 들었다.

② 감정: 무엇을 느꼈는가?

그 말을 듣는 순간 민망했다. 주목받게 되어 부담스럽고 괜히 위축되는 느낌이 들었다.

③ 발견: 그 감정으로 알게 된 것은 무엇인가?

내 목소리가 낮았던 이유는 최근 프로젝트에서 내 역할에 회의감이 들었기 때문이라는 걸 떠올리게 됐다. 자신감이 없을수록 목소리도 작아졌다는 걸 알게 됐다.

④ 미래: 무엇을 시도해 볼 수 있는가?

프로젝트에서 내 역할에 대해 무엇을 기대하고 있는지, 팀장과 동료에게 물어봐야겠다.

이것은 피드백 받는 순간이 아니라, 집에 돌아가서 차분할 때 혼자 해 보는 연습입니다. 이 연습을 반복하면, 다음 피드백 상황에서는 조금 더 여유롭게 반응할 수 있습니다. 피드백과 행동 사이에 여유를 만드는 연습은 다음 피드백을 더 잘 받을 수 있는 사람, 더 단단한 사람으로 나를 준비시킵니다.

3단계: 작은 실험으로 나아가기

어떤 피드백은 '다 바꾸지 않아도 하나 정도는 바꿔 볼 수 있지 않을까'라는 생각에 빠지게 합니다. 그러나 머리로는 이해가 되는데, 막상 하려고 하면 몸이 움직여지지 않는 경험을 모두 해 보았을 것입니다. 즉, 피드백을 실천하는 건 변화보다 '실험'에 가깝습니다. 많은 것을 바꾸려고 하면 부담이 커서 시작조차 하지 않게 됩니다. 실험의 목적은 완벽한 변화가 아니라 작은 실천이라도 '한번 해 보기'입니다. 사례로 살펴보겠습니다.

사례 1

회의 중에 말을 너무 많이 한다는 피드백을 받았습니다. 처음엔 억울했습니다. '팀원들이 다 조용하니까 내가 나서는 거지'라는 생각도 들었

습니다. 하지만 문득, '내가 누군가의 기회를 빼앗고 있는 건 아닐까' 하
는 마음이 들었습니다. 그래서 '내 말이 끝난 후 3초 기다려 보기'라는
아주 작은 실험을 해 보았습니다.

처음에는 어색한 침묵이 흘렀지만, 어느 순간 팀원들이 정적을 깨고
한마디씩 하기 시작했습니다. 내가 말하지 않았기 때문에 생긴 말들, 그
침묵을 지켜본 건 꽤 인상적인 경험이었습니다.

사례 2

업무 진행 상황을 알 수 없다는 피드백을 받았습니다. 순간, '분명히
말했는데 왜 모른다는 거지?'라는 반응이 올라왔습니다. 하지만 피드백
이 나의 닫힌 업무 방식을 알려 주는 신호일지도 모른다는 생각이 들었
습니다. 그래서 아침마다 팀 채팅방에 '오늘 할 일 리스트'를 공유해 보기
로 했습니다.

부담도 있었지만, 매일 업무를 점검할 수 있게 되었고, 서로의 리듬을
공유한다는 느낌이 팀워크를 살려 주었습니다.

위 사례와 같은 작은 실험에는 부담이 따르지 않아야 합니다. 다음
은 실천을 무겁지 않게, 오래 지속하기 위한 방법입니다.

① 하나만 해 보기

'이 중에서 단 하나만 바꾼다면 뭘 해 볼 수 있을까?'를 생각하고 실
행합니다. 실천은 작을수록 구체적이고 지속할 수 있습니다.

② 실험처럼 해 보기

완벽하지 않아도 됩니다. 일단 해 보고, 다시 조정합니다. 피드백은 도약이 아니라 조정의 기회입니다.

③ 시도하기

남이 보는 건 중요하지 않습니다. 중요한 건 '내가 했다는 사실'입니다. 변화에 민감해질 때 자기효능감이 자랍니다. 기록하는 것도 좋습니다.

피드백을 받고 즉시 바뀌어야 한다는 마음을 내려놓길 바랍니다. 나만의 방식으로 성장하는 것이 중요합니다. 거창한 변화일 필요도 없습니다. 피드백을 '내 말'로 바꾸는 작은 시도 하나가 훌륭한 출발점입니다.

결국, 피드백을 잘 받는다는 것은 내 감정에 이름을 붙이고, 질문으로 전환하고, 작은 실험으로 행동에 옮기는 연습입니다. 이런 연습이 쌓이면 다음 피드백을 받을 때 '아, 내가 지금 어떤 감정에서 반응하고 있구나'를 알아차리고, 그 감정을 배움의 기회로 바꿀 수 있게 됩니다.

순환하는 대화가 만드는 변화

피드백과 피드포워드는 한 번 주고받고 끝나는 대화가 아니라, 끊임없이 순환하는 대화입니다. 우리는 피드백으로 과거를 돌아보고, 피드포워드로 미래를 설계하고, 작은 실험을 하고, 다시 피드백을 주고받으며 조정합니다. 이 순환이 멈추지 않을 때 팀은 자전거처럼 균형을 잡으며 앞으로 나아갑니다.

피드백과 피드포워드가 순환하며 더 나은 판단과 실행을 만들어가는 모습은 바로 이런 모습입니다.

· 잘 구하기: 누구에게, 언제, 어떻게 묻느냐를 설계합니다.
· 잘 주기: 피드백 구조를 살펴 과거를 돌아보고 미래를 함께 그립니다.
· 잘 받기: 감정을 알아차리고, 질문으로 전환하고, 작은 실험으로 나 아갑니다.

이 세 가지가 하나의 리듬으로 순환할 때, 대화는 비로소 배움이 되고, 배움이 성장이 되고, 성장이 문화가 됩니다. 누군가 먼저 묻고, 누군가 진심으로 답하고, 누군가 용기 있게 받아들이는 그 순간들이 모여, 팀은 함께 더 나은 방향으로 나아갑니다. 이제 당신도 그 순환의 대화를 시작할 수 있습니다.

피드포워드,
미래를 향한 대화

피드백이란 '과거에서 배우고 그 배움을 미래에 반영하는 과정'을 뜻합니다. 그러나 현실에서는 "이 행동은 아쉬웠어요", "다음엔 더 잘하세요" 하고 과거를 지적하는 데 그칠 뿐입니다. 말은 남았는데 행동의 방향은 설정되지 않는 대화입니다. 이에 조직개발전문가 마셜 골드스미스(Marshall Goldsmith)가 제시한 단어가 있습니다. 과거를 분석하는 데 머물지 말고 미래를 설계하는 대화에 더 많은 에너지를 쏟는 '피드포워드(Feedforward)'입니다. 물론, 피드포워드는 새로운 개념이 아닙니다. 피드백이 본래 가지고 있던 '미래를 향한 기능'을 되살린 개념으로, 피드백 안에 피드포워드 개념이 포함되어 있습니다.

그러나 피드포워드 개념을 분리함으로써 우리는 조금 더 과거의 경험에서 배우고, 그 배움으로 미래를 구체화해 실행하고 되돌아보는 순환을 경험할 수 있습니다. 피드백을 통해 '무엇이 효과적이었고, 무엇이 어려웠는가?'를 물었다면, 피드포워드를 통해 '앞으로 어떻게 해야 더 나아질 수 있는가?'를 물어보세요. 팀 성장에 결정적인 역할을 할 수 있을 것입니다. 이 책에서는 이러한 순환을 모두 '피드백'이라는 큰 틀 안에서 다룹니다. 다만, 피드포워드 개념을 분리해 팀 대화의 순환과 방향성을 명확히 하는 보조 개념으로 참고하면 도움이 될 것입니다.

6장

서로 배우는 대화가 작동하는 팀

사례로 보는 팀 다이얼로그

지금까지 '서로 배우는 대화'의 개념과 방법, 피드백 주고받는 법을 익혔습니다. 하지만 이론만으로는 충분하지 않습니다. 대화는 현장에서 비로소 살아나기 때문입니다.

이번 장에서는 하나의 팀이 서로 배우는 대화를 실천하며 성장하는 과정을 세 가지 사례로 살핍니다. 목표와 일정, 감정과 이해가 뒤섞인 현실 속에서 팀이 부딪히고, 멈추고, 재조정해가는 모습을 살펴볼 것입니다. 이론이 현실로 옮겨가는 순간, 서로 배우는 대화라는 추상적 원리가 어떻게 일상적 언어가 되는지 알아봅시다.

사례 개관

사례	배우는 대화의 세 가지 조건	핵심 초점
사례 1. 우리 팀의 Why를 다시 말하다	Why의 다섯 가지 구성요소 (의미·목적·목표·동기·의도)	팀의 방향과 내적 동기를 재정렬하는 과정
사례 2. 전략과 실행 사이에서 배우는 팀	전략 해석의 다섯 단계	전략 언어를 현실의 실행 언어로 번역하는 과정
사례 3. 멈추지 않는 루프, 배우는 실행	우다 루프의 단계와 숨겨진 특성	실행이 학습으로 순환하는 일의 구조

사례 1. 우리 팀의 Why를 다시 말하다

이 사례는 경영진의 전략 과제를 팀의 언어로 해석하며, '우리의 Why'를 함께 찾아가는 장면입니다. 서로 배우는 대화가 팀의 방향을 바꾸는 순간을 살펴볼 것입니다. 리더의 알아차림과 의도를 밝힌 질문이 대화의 출발점이 됩니다. 팀원들은 각자의 생각을 '사실 말, 생각 말, 마음 말, 기대 말'로 자연스럽게 표현하며, 설득이 아닌 탐색의 대화로 전환합니다.

사용된 '서로 배우는 대화'의 기술

· 알아차림
리더가 자신의 '지시하려는 마음'을 인식하고, 대화를 여는 순간으로 전환합니다.

· 의도를 밝힌 질문
"이건 전략 설명이 아니라, 우리에게 어떤 의미인지 함께 찾고 싶어요"

· 말의 구성요소:
팀원들이 각자의 경험과 감정을 구조화해 말함으로써, 서로의 관점을 이해합니다.

방향은 있는데, 마음이 따라오지 않을 때

브이핏 인사팀 회의실. 경영진이 발표한 올해의 핵심 전략은 '고객 경험 혁신'입니다. 회의를 시작하며 윤 팀장이 말했습니다.

"경영진에서 '고객 경험 혁신'이라는 전략 과제를 팀 업무에 반영하라고 합니다. 우리도 계획을 세워야겠어요"

회의실이 잠시 조용해졌습니다. 지은 과장이 손을 들었습니다.

"팀장님, 고객 경험은 매장이나 마케팅팀의 일 아닌가요? 우리는 인사팀인데, 고객과 직접 만날 일은 없잖아요"

민재 대리가 덧붙였습니다.

"그렇죠. 우리는 직원만 상대하잖아요. '고객 경험 혁신'을 우리 일로 연결하라고 하면… 솔직히 감이 잘 안 옵니다"

태민 사원도 조심스럽게 말했습니다.

"저도 채용 쪽이라 고객보단 지원자를 상대하는데, 이 전략을 업무에 반영하라고 하는 이유를 잘 모르겠습니다"

윤 팀장은 노트를 덮으며 잠시 말을 멈추었습니다. '나도 처음엔 그렇게 생각했는데, 지금 설명하려고 하면 지시가 되겠지?' 윤 팀장은 자신이 방향을 정하려고 하는 마음을 알아차렸습니다.

알아차림이 시작되는 순간

윤 팀장이 깊게 숨을 들이켰습니다. 그리고 고객 경험이 직원들에게 어떤 의미가 있는지를 함께 찾고자 하는 의도를 밝혔습니다.

"제가 오늘 이 회의를 연 이유를 먼저 말씀드릴게요. 이건 전략을 설명하는 회의가 아닙니다. '고객 경험 혁신'이 우리 팀에게 어떤 의미인지 함께 찾아보는 대화를 하고 싶어요"

그러고는 잠시 눈길을 돌리며 말했습니다.

"정답이 없는 질문입니다만, 각자 생각나는 것을 말해 볼까요? 여러분에게는 '고객 경험 혁신'이라는 말이 어떤 의미로 들리나요?"

지은 과장이 망설이다가 먼저 입을 열었습니다.

"고객 경험은 우리가 만드는 '직원의 경험'과 연결되어 있다고 생각합니다. 그 경험을 만드는 건 직원들이고요. 직원이 피로하면 고객에게 친절하기가 어렵습니다. 그래서 저는 고객 경험 혁신이 직원이 안정적으로 일할 수 있는 환경을 만드는 일이라고 봅니다"

윤 팀장이 고개를 끄덕였습니다.

"흥미로운 관점이네요. '직원의 안정된 경험이 고객 경험의 출발점'이라는 말이군요"

민재 대리가 이어 말했습니다.

"저는 복리후생 담당이라 '지원'이란 단어가 떠올랐습니다. 고객이 브랜드를 믿는 건 그 브랜드가 예측 가능한 신뢰를 주기 때문이잖아요. 직원이 예측 가능한 환경에서 일해야 고객도 신뢰를 느낍니다. 결국 우리 역할은 '신뢰가 작동하는 제도'를 만드는 일이라고 생각합니다"

윤 팀장이 메모하며 웃었습니다.

"좋네요. '신뢰가 작동하는 제도'라. 그럼 우리의 목적은 직원이 예측 가능한 환경에서 일하도록 지원하는 것일 수도 있겠네요"

Why가 드러나는 순간

윤 팀장이 팀원들을 둘러보며 물었습니다.

"그렇다면 우리가 이 일을 꼭 해야 한다고 느끼는 이유, 즉 동기는 뭘까요?"

태민 사원이 말했습니다.

"저는 채용 담당이라, '고객을 대하는 사람'을 잘 뽑는 것이 결국 고객 경험의 시작이라고 봅니다. 그런데 우리는 그간 이런 부분에 대한 구체적인 기준 없이 인력을 채용해 왔어요. 그게 늘 채용 담당자로서 마음에 걸렸습니다. 면접 때 '우리가 생각하는 고객 응대 역량'을 평가하는 기준과 과정을 마련해야 한다고 생각합니다"

윤 팀장이 잠시 침묵하다가 말했습니다.

"맞아요. 필요하죠. 우리 팀의 Why가 조금 보이는 것 같네요. '고객의 신뢰는 제도에서, 제도는 사람에서 시작된다'가 결국 우리 팀에서 할 수 있는 고객 경험 혁신의 출발점이네요"

그는 팀원들을 바라보며 덧붙였습니다.

"이제 마지막으로 한 문장으로 정리해 봅시다. '고객 경험 혁신' 안에서 인사팀이 하고자 하는 일의 '의도'는 무엇일까요?"

민재 대리가 조심스럽게 말했습니다.

"저는 이렇게 정리해 보고 싶습니다. '고객 경험 혁신은 신뢰의 혁신이며, 신뢰는 제도로부터 시작된다'"

지은 과장과 태민 사원이 동시에 고개를 끄덕였습니다.

윤 팀장은 미소를 지으며 메모했습니다.

"좋습니다. 오늘 우리가 찾은 Why는 이거네요. '우리는 인사제도를 통해 고객의 신뢰를 만든다'. 이제 이 Why에 대해서 어떤 제도나 절차를 바꿀 수 있을지를 다음 회의에서 구체적으로 논의해 봅시다"

대화가 바뀌는 순간

윤 팀장이 회의를 마무리하며 말했습니다.

"오늘은 전략을 세운 게 아니라, 우리가 왜 이 전략에 연결되어야 하는지를 함께 찾았습니다. 이번에는 오늘 회의에 대한 피드백을 듣고 싶습니다. 무엇이 좋았고, 무엇이 어려웠나요?"

지은 과장이 웃으며 말했습니다.

"처음엔 '고객 경험'이 우리 일과 무슨 상관인가 싶었는데요. 이제는 고객의 경험이 결국 우리의 신뢰 시스템에서 출발한다는 걸 이해했습니다. 이제 70%쯤 납득이 됩니다"

태민 사원도 말했습니다.

"제가 사업계획에 대한 회의는 처음이라 긴장을 많이 했는데, 팀장님이 회의의 의도를 먼저 말씀해 주신 것이 도움이 되었습니다. 편하게 생각을 말할 수 있었어요"

윤 팀장이 잠시 미소를 짓고 말했습니다.

"저는 우리가 상대를 설득하려는 순간 대화는 멈춘다고 생각해요. 오늘처럼 서로의 관점을 듣고, 의미를 함께 찾아가는 대화가 필요합니다"

그리고 노트를 덮으며 덧붙였습니다.

"오늘 우리가 배운 건 단순한 전략 이해가 아니라, '우리의 일에 의미를 묻는 대화'였습니다"

첫 번째 회의 이후, 인사팀은 '우리는 인사제도를 통해 고객의 신뢰를 만든다'라는 Why를 중심으로 일의 방향을 새롭게 잡았습니다. 하지만 방향이 정해진다고 실행이 저절로 따라오진 않았습니다.

이번 회의에서는 그 Why를 실제 행동으로 옮기기 위해, 전략을 어떻게 팀의 언어로 바꿀 수 있을지를 함께 탐색합니다.

사례 2. 전략과 실행 사이에서 배우는 팀

이 사례는 전략이 문서가 아닌 실행의 언어로 바뀌는 과정을 보여 줍니다. 함께 탐색하며 만들어가는 전략 실행의 대화를 알아볼 것입니다. 팀원들은 개인의 실행 아이디어를 공유하고, 서로 다른 관점에서 피드백을 주고받습니다. 이 과정에서 전략은 지시가 아니라, 탐색을 통해 만들어지는 대화임을 경험합니다.

사용된 '서로 배우는 대화'의 기술

· 이미지니어링 피드백
몽상가–현실주의자–비판가 순으로 발언함으로써 아이디어를 다각도로
확장합니다.

· 감정의 알아차림
피드백 받을 때 생긴 긴장과 방어를 인식하고, 감정을 질문으로 전환합니다.

· 4F 성찰
회의 마지막에 태민 사원이 '사실 – 느낌 – 발견 – 미래' 순으로 팀의 감정과
배움을 정리합니다.

문제의식에서 출발한 회의

한 주 뒤, 인사팀 회의실. 윤 팀장은 지난 회의에서 정리된 Why를 다
시 꺼냈습니다.

"지난번 우리는 고객 경험 혁신 전략과 관련해 '인사제도로 고객의
신뢰를 만든다'라는 Why를 발견했습니다. 이제 그걸 실행으로 옮겨야겠
죠. 각자 자리에서 어떤 실험이 가능할까요?"

지은 과장이 먼저 말을 이었습니다.

"평가제도 개편안을 검토 중인데요, '협업과 신뢰' 항목을 단순히 팀
워크 수준에서 평가하기보다, 팀 간 연결의 품질로 정의해 보면 어떨까
합니다. 고객을 직접 만나는 부서와의 연결이 매끄럽지 않으면 우리가 발

견한 고객 경험이 반영되지 않으니까요"

연결의 관점으로 본 전략 해석

민재 대리가 고개를 끄덕이며 말을 이었습니다.

"복리후생이나 근무 일정 운영도 같은 맥락이라고 생각합니다. 예를 들어 근무표가 미리 공지되긴 하지만, 실제로는 선배나 관리자 사정으로 일정이 바뀌는 경우가 많습니다. 그러면 직원들이 회사의 약속을 신뢰할 수 없게 됩니다. 공지 시점을 고정하는 것보다 중요한 건 공지가 약속으로 작동하는 구조를 만드는 것입니다. 직원이 회사의 약속을 예측 가능하다고 느껴야 고객도 그 조직을 신뢰할 수 있다고 봅니다"

태민 사원이 말을 이었습니다.

"저는 채용 담당이라, '고객을 대하는 사람'을 잘 뽑는 것이 결국 고객 경험의 시작이라고 봅니다. 그래서 채용 기준 안에 우리가 지향하는 '고객 경험에 대한 이해와 실천력'을 평가 요소로 반영해 보려고 합니다. 예를 들어, 면접에서 지원자의 직무 경험만 보는 게 아니라, '고객의 입장에서 상황을 해석한 경험'을 묻는 식이죠. 이렇게 하면 우리가 찾은 Why인 '인사제도로 고객의 신뢰를 만든다'를 녹여낼 수 있을 것 같습니다"

윤 팀장이 메모하며 말했습니다.

"좋아요. 이번엔 계획을 세우기보다, 실행하면서 배우는 방식으로 접근해 봅시다"

실행 조건 탐색

윤 팀장이 계속 말을 이었습니다.

"각자의 실행 방향이 보이네요. 이제 이 아이디어들이 실제로 작동하려면 어떤 조건이 필요할지, 그리고 어디서부터 시작하면 좋을지 함께 살펴 봅시다"

지은 과장이 고개를 들며 말을 이었습니다.

"협업과 신뢰 항목을 평가제도에 새로 넣는 대신, 팀 간 연결의 품질로 정의하는 방식입니다. 부서 간 조율과 고객을 기준으로 한 협업의 질을 함께 평가하려 합니다"

윤 팀장이 고개를 끄덕이며 말을 이었습니다.

"그럼 이 아이디어를 이미지니어링 방식으로 피드백해 봅시다. 몽상가 관점은 제가, 현실주의자 관점은 민재 대리가, 비판가 관점은 태민 님이 맡기로 하죠"

가능성을 여는 몽상가 관점

윤 팀장이 먼저 입을 열었습니다.

"이 제도가 잘 작동하면, 사람들은 협업을 '내 팀의 일'이 아니라 '조직 전체가 신뢰를 만드는 과정'으로 볼 겁니다. 특히 고객을 기준으로 서로 연결되는 문화를 만들 수 있을 거예요. 우리의 Why인 '인사제도로 고객의 신뢰를 만든다'가 현실 속에서 작동하는 그림이 그려집니다"

지은 과장이 미소를 지었습니다.

"감사합니다. 상상만으로도 가능성이 느껴지네요"

실행을 구체화하는 현실주의자 관점

민재 대리가 노트를 넘기며 말을 이었습니다.

"좋아요. 그런데 그 연결의 품질을 평가하려면, 실제 협업 결과를 보여 주는 지표가 필요합니다. 지금은 부서 간 피드백이 공식적으로 기록되지 않아요. 우선 공동성과 지표를 시범적으로 만들어 보는 게 어떨까요? 예를 들어 프로젝트가 끝날 때 팀 간 '상호 피드백 로그'를 남기는 방식으로요"

지은 과장이 고개를 끄덕이며 메모했습니다.

"현실적으로 가능한 접근 같네요"

리스크를 살피는 비판가 관점

태민 사원이 자세를 고쳐 앉았습니다.

"하지만 협업의 품질을 평가 항목으로 넣을 때 주의할 점이 있습니다. 잘못 작동하면 '보여 주기식 협업'으로 남을 수 있다는 점입니다. 진짜로 협업하기보다 기록이나 평가용 행동만 남기게 되는 거죠. 이런 부분을 막지 못하면 이 제도는 무용지물이 됩니다"

공식적인 비판가 역할에서 한 피드백이지만, 지은 과장은 그 말이 약간 불편하게 들렸습니다. 하지만 곧 불편함을 알아차리고, 차분히 물었습니다.

"태민 님, 그 부분은 어떤 경험에서 나온 생각인가요? 태민 님의 비판이 매우 중요한 부분 같아서 실제 사례가 궁금해요"

태민 사원이 대답했습니다.

"이전 회사에서 비슷한 제도를 운용했는데, 피드백이 형식화되면서 진짜 대화보다는 '좋아요', '잘하셨어요' 같은 멘트만 남았습니다. 그래서 피드백이 관계의 도구가 아니라 점수의 도구가 되어 버렸어요"

지은 과장이 고개를 끄덕이며 웃었습니다.

"그런 일이 생길 수도 있겠네요. 진짜 협업하려면 피드백을 점수가 아니라 대화의 언어로 설계할 필요가 있겠네요"

윤 팀장이 고개를 끄덕이며 정리했습니다.

"좋아요. 지금이 바로 피드백이 판단에서 배움으로 바뀌는 순간이에요"

4F 성찰을 통한 마무리

윤 팀장이 회의를 마무리하며 물었습니다.

"태민 님, 오늘 회의에서 어떤 점이 가장 인상 깊었나요?"

태민 사원이 잠시 생각하다가 말했습니다.

"오늘은 전략이 아니라, 우리가 어떻게 대화하느냐를 유심히 봤습니다. 처음엔 지은 과장님의 제안이 조금 어렵게 느껴졌는데, 피드백을 주고받으면서 의도를 이해할 수 있었습니다. 그리고 제 의견이 팀의 논의에 보탬이 된다는 걸 처음으로 느꼈습니다. 그 과정이 전략이나 문서가 아니라, 대화로 만들어진다는 걸 알았습니다. 다음 회의에서도 결과보다 배운 점을 먼저 나누면 좋겠습니다"

윤 팀장이 고개를 끄덕이며 웃었습니다.

"좋은 성찰입니다. 오늘처럼 서로의 생각을 탐색하는 대화가 바로 실행의 출발점입니다"

민재 대리가 웃으며 말했습니다.

"오늘 우리는 실행 계획을 세운 게 아니라, 실행을 함께 만들어가는 방식을 배운 시간이었네요"

전략이 일의 언어로 이어질 때

회의를 마무리하면서 윤 팀장이 말했습니다.

"오늘 세 사람이 한 이야기가 결국은 같은 방향으로 이어졌어요. 신뢰를 만드는 제도, 예측 가능한 환경, 고객을 이해하는 채용 모두 우리가 찾은 Why인 '인사제도로 고객의 신뢰를 만든다'를 실현하는 방법들입니다"

지은 과장이 고개를 끄덕이며 "그렇게 정리해 중심을 잡아 주시니 각자 해야 할 일의 방향이 훨씬 명확해지네요"라고 말하고, 민재 대리가 이어서 "그럼 다음 회의 때는 오늘 이야기한 걸 어디까지 시도해 봤는지 나누어 보면 좋겠습니다. 작은 변화라도 실행해 보면 우리가 말한 게 진짜로 작동하는지 알 수 있을 테니까요"라고 말했습니다.

마지막으로 윤 팀장이 오늘의 서로 배우는 대화를 정리했습니다.

"좋아요. 오늘은 전략을 이해한 게 아니라, 그걸 우리 일 안에서 움직이게 하는 첫걸음을 정한 셈입니다"

- 전략은 지시가 아니라, 함께 탐색하며 배우는 대화로 실행됩니다.
- 피드백은 판단이 아니라 조율입니다. 몽상가, 현실주의자, 비판가의
  관점이 오갈 때 실행의 현실성이 높아집니다.
- 실행은 계획보다 빠르게, 대화 속에서 다듬어질 때 현실성이 생깁니다.
- 리더의 역할은 답을 주는 것이 아니라, 서로의 관점을 구조화해 연결하는
  것입니다.
- 전략은 문서가 아니라, 팀이 말로 탐색하고 피드백으로 조율할 때 모두의
  일이 됩니다.

전략을 세우는 대화가 끝난 뒤, 인사팀은 각자의 자리에서 작게나마 실행을 시도했습니다. 그중 지은 과장이 먼저 제도 실험을 시작했지만, 실행의 과정에서는 계획과는 다른 현실이 기다리고 있었습니다.

사례 3. 멈추지 않는 실행, 배우는 일의 방식

이 사례는 실행 과정에서의 문제를 '서로 배우는 대화'로 풀어내는 장면입니다. 일하는 방식이 팀의 일상 속에서 작동하는 장면을 살펴볼 것입니다. 지은 과장은 우다 루프를 적용해 실험을 진행하지만, 방향 단계에서 현장의 문화와 경험 차이로 갈등이 생깁니다. 피드백과 질문, 그리고 AAR을 통해 일의 방식을 다시 설계합니다.

실험을 공유하는 회의

오후 세 시, 인사팀 회의실. 윤 팀장이 말했습니다.

"지은 과장님, 지난주에 말씀하신 제도 시범 적용 결과를 공유해 주시죠"

지은 과장이 자료를 펼치며 말했습니다.

"영업사업부 매장 조직을 대상으로 '협업과 신뢰'를 평가 항목으로 시범 적용했습니다. 첫 반응은 긍정적이었지만, 실행 단계에서 예상치 못한 문제가 생겼습니다. 매장 관리자들이 '협업의 품질'을 각자 다르게 해석한 것입니다. 어떤 매장은 협업을 본사의 요청에 신속히 응답하는 것으로 봤고, 어떤 매장은 협업 기준을 판매 데이터를 공유하는 속도로 보았습니다. 경영지원팀은 정해진 절차와 보고 체계를 따르는 일을 협업으로 정의했습니다. 결국 '누구의 기준으로 보는가'에 따라 평가가 엇갈렸습니다"

지은 과장은 잠시 말을 멈추었다가 다시 말을 이었습니다.

"그 차이를 좁히려고 했는데, 오히려 반발이 생겼습니다. 매장에서는 '본사는 현장 사정을 모른다'라는 이야기가 나왔고, 본사 지원팀에서는 '현장이 원칙 없이 움직인다'라는 이야기가 나왔습니다. 협업을 강화하려던 의도가 오히려 불신으로 비친 셈입니다"

방향 단계의 충돌

민재 대리가 조심스럽게 입을 열었습니다.

"그럴 수도 있겠네요. 영업 현장은 하루 매출이 바로 평가로 이어지는 만큼 속도가 생명입니다. 그래서 협업을 강조하면 현장에서는 '결정이 늦어지고 책임이 불분명해진다'라는 의미로 받아들입니다. 관계보다 결과를 택할 수밖에 없는 상황이니까요. 그래서 협업이라는 말이 나오면 '이러다 일만 더 늦어지는 것 아닌가' 하며 불안해합니다"

그 말에 지은 과장은 '나는 충분히 조율했는데…'라고 생각하며 표정이 굳었습니다. 하지만 곧 자신의 긴장을 알아차리고 차분히 물었습니다.

"민재 대리님, 그렇게 느끼신 이유를 조금만 더 들려주실 수 있을까요? 제가 현장에서 실제 매출 압박이나 보고 절차가 어떻게 작동하는지를 잘 몰라서요"

민재 대리가 고개를 끄덕였습니다.

"제가 예전에 매장 지원팀에 있었을 때도 비슷했습니다. 본사에서 협업을 강화하자고 하면 현장에서는 '회의가 많아지고 승인 절차가 길어진다'라고 생각했습니다. 결국 일의 속도가 느려지는 거죠. 그래서 매장에서는 좋아하지 않았습니다"

지은 과장이 고개를 끄덕였습니다.

"그럴 수 있겠네요. 현장에서는 협업이 곧 '속도 저하'로 느껴질 수도 있겠어요"

리더의 피드백

윤 팀장이 조용히 말을 이었습니다.

"지은 과장님이 시도한 건 분명 의미 있는 실험이었습니다. 현장에서 반발이 있었다는 건 우리가 진짜 변화를 건드렸다는 뜻이기도 합니다. 영업 조직은 속도와 매출이 생명이고, 본사 조직은 절차와 일관성을 중시합니다. 그 두 관점이 부딪히는 건 자연스러운 일입니다. 다음 단계에서는 매장 관리자와 본사 지원팀이 각각 생각하는 좋은 협업 사례를 모아 보면 어떨까요? 서로의 기준을 말로 꺼내 놓으면 협업의 의미가 조금씩 정리될 겁니다"

지은 과장이 메모하며 대답했습니다.

"네. 협업의 기준을 본사에서 정하기보다 현장과 함께 정의하는 실험으로 바꿔 보겠습니다"

윤 팀장이 고개를 끄덕였습니다.

"좋습니다. 방향이 보이네요. 그럼 다음 주엔 영업사업부 외에 다른 한 개의 부서를 선택해서 시도해 봅시다"

배움으로 이어지는 AAR

윤 팀장이 물었습니다.

"지은 과장님, 오늘 실험을 돌아보면 어떤 점이 가장 기억에 남나요?"

지은 과장이 잠시 생각하다가 말했습니다.

"이번 실험의 의도는 '협업과 신뢰'를 평가의 언어가 아니라 일의 방식으로 정착시키는 것이었습니다. 매장과 본사가 협업을 다르게 이해하고 있으니 그 차이를 대화로 좁혀 보려 했습니다. 그런데 실제로는 예상보다 더 강한 반발이 있었습니다. 매장은 협업을 '속도를 늦추는 일'로 느꼈고, 본사는 '절차를 지키지 않는다'라는 생각을 하게 되었습니다. 서로의 언어가 달랐던 것이죠. 잘된 점은 그 갈등이 드러나면서 오히려 진짜 문제를 볼 수 있었다는 것입니다. 표면적으로는 제도 설계의 문제가 아니라, 협업을 바라보는 기준이 다르다는 인식의 차이였습니다. 아쉬운 점은 제가 이 차이를 미리 탐색하지 못한 채 '하나의 기준'을 세우려 했던 것입니다. 다음에는 평가 기준을 정하기보다 각 부서가 스스로 생각하는 '좋은 협업의 사례'를 먼저 이야기하게 하려고 합니다. 그 대화 속에서 우리가 공유할 수 있는 기준이 자연스럽게 만들어질 것으로 생각합니다"

윤 팀장이 고개를 끄덕이며 말했습니다.

"좋은 정리입니다. 협업의 기준은 제도보다 대화에서 만들어지는 것입니다. 오늘의 시도는 단순한 개선이 아니라, 우리가 일하는 방식을 학습하는 과정이었습니다"

회의가 끝나고 윤 팀장은 노트에 아래의 문장을 쓰고는 조용히 미소 지었습니다.

'성과는 숫자가 아니라, 우리가 배우는 과정이 계속 이어지는 상태다'

핵심 배움

- 일의 방식은 절차가 아니라, 배움이 내재된 실행의 구조입니다.
- 방향의 충돌은 갈등이 아니라, 새로운 해석이 열리는 순간입니다.
- 리더의 피드백은 '인정–현실 인식–탐구–기대'의 언어로 팀의 배움을 촉진합니다.
- AAR을 통해 '의도–사실–분석–대안'을 점검하면, 실행이 학습으로 이어집니다.
- 배우는 팀은 완벽함이 아닌, 멈추지 않는 실험과 점검으로 성장합니다.

배우는 팀으로의 진화

앞선 세 장면은 각자 다른 순간을 기록하지만, 팀이 성장하는 하나의 학습 여정을 보여 주었습니다.

사례 1에서는 '우리는 왜 이 일을 하는가?'를 정의하며 팀의 Why를 정렬했습니다. 리더의 알아차림과 열린 질문이 팀의 목적을 다시 세웠습니다. 사례 2에서는 '그렇다면 어떻게 실행할 것인가?'를 탐색하며 전략을 공동 설계했습니다. 지시 대신 탐색이, 평가 대신 피드백이 중심이 되었습니다. 사례 3에서는 '이 실행에서 우리는 무엇을 배우는가?'를 알게 되었습니다. 관찰과 실험을 반복하며 배움이 일의 방식으로 스며들었습니다. 이렇게 팀은 성과를 내는 팀을 넘어 '배우는 팀'으로 발전했습니다.

성과는 결과가 아니라, 배움이 끊임없이 이어지는 상태로 정의됩니다. 대화는 보고나 조율의 절차가 아니라, 팀이 스스로를 조정하는 과정이 됩니다. 서로 배우는 대화는 철학이 아니라, 팀의 현실을 바꾸는 구체적인 일의 방식입니다.

방향을 묻는 순간에는 알아차림과 질문이,

전략을 세우는 순간에는 공동 탐색과 성찰이,

실행의 순간에는 관찰과 피드백이 작동합니다.

이 세 가지가 이어질 때, 팀은 일을 통해 배우는 조직으로 성장합니다. 성과는 완벽함이 아니라, 배움이 이어지는 상태에서 만들어집니다.

독자분께 묻습니다. 여러분의 팀은 언제 서로의 감정이나 의도를 묻는 대화가 이루어지고 있나요? 그리고 전략을 실행으로 옮길 때, 우리는 어떤 대화를 더 시도할 수 있을까요? 이 질문에 답하는 순간, 팀의 대화는 이미 달라지기 시작합니다.

우리가 무엇을 만들고 싶은지를
함께 말할 수 있다면

조직에서 반복되는 문제들은 사실 새로운 것이 아닙니다. 그래서 '그건 원래 그래', '다들 불편해하지만 어쩔 수 없지' 하며 그냥 지나칩니다. 지금은 바쁘니까, 지금은 중요하지 않으니까, 말해 봤자 바뀌지 않으니까 같은 마음으로요. 그러다 어느 순간, 일이 꼬이고, 관계가 틀어지고, 성과가 흔들릴 때 비로소 우리는 되묻습니다.

"왜 이렇게 되었을까?"

하지만 이미 너무 많은 기회를 놓쳐 버린 후입니다. 이때는 무엇이 잘못되었는지를 찾아보는 것만으로는 충분하지 않습니다. 우리가 진짜 만들고 싶은 모습이 무엇인지, 그걸 함께 말할 수 있는지, 그 대화를 할 수 있는 분위기와 구조가 우리에게 있었는지를 돌아봐야 합니다.

S 사 온라인 마케팅팀에서도 일이 꼬이기 시작했습니다. 겉보기엔 별문제가 없었습니다. 온라인 광고는 목표를 초과 달성했고, 세일즈 프로모션도 계획대로 운영되고 있었으며, 채널별 SNS 캠페인도 정기적으로 잘 진행되고 있었습니다. 하지만 조직문화 진단 결과는 전혀 다른 얼굴을 보여 주었습니다. 정서적 신뢰, 심리적 안전감, 수평 소통, 팀 효과성 모두 전사 평균보다 현저히 낮았습니다.

이에 조직개발팀은 저희와 함께 이 문제를 해결해 보기로 하였습니다. 익명 보장을 전제로 팀원들과 조용히 대화를 나누는 자리가 마련되었습니다.

그 결과, 팀원들은 "마케팅실의 팀장님들끼리는 소통이 되는데, 우리는 맥락을 잘 모른 채 일을 시작해요", "역할이 모호해요. 내 일이 아닌 걸 해도 보상도 인정도 없어요", "서로를 존중하기 어려워요. 각자 알아서 살아남는 느낌이에요"라고 말했습니다.

실장은 "프로세스는 정비했는데, 왜 연결이 안 되는 걸까요?"라고 말했고, 팀장은 "소통이 안 되고, 감정의 피로가 쌓여 있습니다"라고 말했습니다. 그리고 공통적으로 '일은 잘 굴러가는데 점점 무기력해진다'라는 느낌을 이야기했습니다.

같은 상황을 두고, 서로 다른 위치에서 전혀 다른 해석을 하고 있었던 것입니다. 그리고 바로 그 간극이 조직을 멈추게 하고 있었습니다.

기술적 문제와 적응적 도전

하버드대 리더십 연구자 론 하이페츠(Ron Heifetz)는 조직이 겪는 문제를 두 가지로 구분했습니다. 바로 '기술적 문제(Technical problems)'와 '적응적 도전(Adaptive challenges) 문제'입니다.

기술적 문제란, 복잡하지만 원인과 해법이 명확하며 기존의 절차나 전문 지식으로 해결할 수 있는 문제입니다. 시스템 장애, 데이터 오류, 업무 매뉴얼 미비 같은 것이 여기에 속합니다. 반면, 적응적 도전 문제는 문제에 대한 정의 자체가 엇갈리고, 해석과 감정, 이해관계가 얽혀 있어 정해진 해답이 존재하지 않습니다. 신뢰 부족, 협업 갈등, 감정적 소진, 일의 의미 상실 같은 것이 대표적입니다.

오늘날 조직이 마주한 많은 문제는 이 두 가지 문제가 얽혀 복합적입니다. 성과는 창출하고 있으나 사람은 지치고, 회사 차원의 서로 지지하고 협력하는 행동에 관한 '함께 일하는 방식' 매뉴얼은 존재하나 문서에만 있을 뿐 작동되지 않는 것입니다.

S 사 온라인 마케팅팀도 그랬습니다. 기술적 문제는 보이지 않았지만, 서로의 관점과 감정을 들을 수 있는 구조가 없었습니다. 그래서 변화가 멈춰 있었습니다.

실제로 팀장이 회의 중에 "저도 여러분들한테 배우고 싶은 게 있어요. 우리가 어떻게 하면 더 잘 협업할 수 있을지, 서로에게 어떤 도움이 필요한지 듣고 싶어요"라고 말한 순간, 일방향의 보고와 피드백이 '서로 배우는 대화'로 전환되기 시작했습니다.

이 책의 새로운 과제

대화의 기술을 다루는 책이지만 단순히 말하기 스킬을 이야기하고 싶지는 않았습니다. 그래서 기존의 가르치고 배우는 일방향 피드백이 아닌, '서로 배우는' 양방향 관계를 제안하며 이 책을 썼습니다. 이 책을 통해 제안하는 방식은 피드백을 주는 사람도, 피드백을 받는 사람도 함께 성장할 수 있는 대화입니다.

또한, 이 책은 관계를 해치지 않으면서 진심을 나누는 말의 태도와 관점, 그것을 실천할 수 있는 구체적인 기술을 담았습니다. 말은 누구나 합니다. 하지만 감정을 있는 그대로 말하고, 기대를 담아 질문하고, 피드백을 구체적으로 요청하고 조언과 비판을 배움으로 전환하기 위해서는 '연습'이 필요합니다. 그래서 이 책은 소통 스킬 향상을 넘어, 함께 배우는 관계로 변화하는 실천을 위한 책이라고 할 수 있습니다.

다만, 깊이 다루지 못한 부분이 있습니다. 팀 구성원 중 한 사람이 말을 잘한다고 해서 팀 전체가 연결되는 건 아닙니다. 서로 배우는 대화가 조직문화로 자리 잡기 위해서는 '구조'와 '리더십'이 필요합니다. 이 책에 그 가능성을 제시하긴 했지만, 팀 전체가 '배우는 대화'를 위한 방식을 설계하고 지속 가능한 문화로 가져가는 방법에 대해서는 충분히 다루지 못했습니다. 그 이야기는 다음 책에서 이어가고자 합니다.

이제, 당신의 대화가 다음을 바꿉니다

우리는 일로 연결되어 있고 프로세스를 통해 협업하지만, 관계는 대화로 만들어집니다. 말이 반복되면 팀의 일하는 방식이 됩니다. 구성원 간의 기대와 이해도 결국 말의 흐름 속에서 만들어지는 것입니다. 즉, 대화는 조직이 작동하는 방식을 바꿉니다.

그러나 모든 대화가 바람직한 변화를 만들어내는 것은 아닙니다. 특히 적응적 도전 앞에서는 누군가가 답을 주는 대화가 아니라, 모두가 질문하고, 상대의 이야기를 듣고, 함께 의미를 다시 구성하는 대화가 필요합니다. 그 시작은 특별한 것이 아닙니다.

주저하던 질문 하나, 꺼내지 못한 감정 하나, 한 번 더 기다려 주는 침묵 하나, 이런 작고 사려 깊은 말들이 반복될 때 조직의 작동 방식을 바꾸는 새로운 연결이 됩니다.

그리고 문제를 개선하는 것도 중요하지만, 우리가 함께 만들어가고 싶은 모습을 말할 수 있는 대화, 그리고 그 대화 속에서 서로에게서 배우며 함께 성장하는 관계는 훨씬 더 큰 의미를 만들어냅니다. 단순히 일의 방식을 바꾸는 것을 넘어, 함께 일하는 의미를 창조하게 합니다.

이제, 그 대화를 시작해 보세요.

당신의 질문이 연결을 만들고, 그 연결이 누군가의 성장으로 이어질 수 있습니다.